古井

企业文化传播手册

（第二版）

安徽古井集团有限责任公司 ◎ 编著

GUJING QIYE WENHUA
CHUANBO SHOUCE

时代出版传媒股份有限公司
安徽文艺出版社

图书在版编目（CIP）数据

古井企业文化传播手册/安徽古井集团有限责任公司编著.—合肥：安徽文艺出版社，2018.5
ISBN 978-7-5396-6196-4

Ⅰ．①古… Ⅱ．①安… Ⅲ．①白酒工业－酿酒工业－工业企业－企业文化－亳州市－手册 Ⅳ．①F426.82-62

中国版本图书馆 CIP 数据核字(2017)第 224574 号

出 版 人：朱寒冬
责任编辑：周 康　　　　　　装帧设计：张诚鑫

出版发行：时代出版传媒股份有限公司　www.press-mart.com
　　　　　安徽文艺出版社　www.awpub.com
地　　址：合肥市翡翠路 1118 号　邮政编码：230071
营 销 部：(0551)63533889
印　　制：安徽新华印刷股份有限公司　(0551)65859551

开本：700×1000　1/16　印张：12.75　字数：200 千字
版次：2018 年 5 月第 1 版　2018 年 5 月第 1 次印刷
定价：58.00 元(精装)

（如发现印装质量问题，影响阅读，请与出版社联系调换）

版权所有，侵权必究

酒神曹操

董事长致辞

企业文化是一个企业的价值取向,它决定着企业性格,告诉我们爱什么、恨什么、为什么;企业文化代表着企业的责任和承诺,提醒我们该做什么、不该做什么、怎么做。倘若企业是树,企业文化就是树根,是这棵树的生命力源泉。

古井集团是以白酒为核心的传统企业,在日趋激烈的市场竞争中,未来靠什么赢?靠产品,靠技术,靠营销?这些仅仅能解决当下的问题,解决不了未来的发展问题。古井集团的目标是"拿下一百亿,冲向前三甲",在中国乃至世界烈性酒当中有话语权和一席之地。要想目标达成,只有并且必须依靠古井深厚的企业文化!

古井的企业文化,一言以蔽之,就是"贡献文化"。即以酒神曹操、"中华第一贡"为旗帜,以"贡"字为核心,以"忠诚、贡献、共享"为特征,以"做真人,酿美酒,善其身,济天下"的核心价值观为主要内容。古井核心价值观虽然只有12个字,但却包含了人类对于真善美与天人合一的永恒追求,它把做人与做酒、做企业、做公民有机结合起来,是对"修身、齐家、治国、平天下"的传承与创新,是对新商业文明与"文明经济学"的有益探索,更是对社会主义核心价值观的深入践行。

2016年9月,古井集团正式成为安徽首家"全国企业文化示范基地"。再加上白酒首家AAAA景区、国家重点文物保护单位、全国质量标杆企业等称号,可以说,如今的"中华酒谷"宾客盈门,"酒中牡丹"盛世绽放。然而,我们清醒地认识到,未来的古井,只有坚持以"贡献文化"为导向,持之以恒地将真善美播撒在企业的各个角落,体现在每个细节,企业才能涵养出饱满的精气神,拥有超越自我、走向世界的力量。

我们相信,包括古井在内的中国企业,只要坚定自信,不忘根本,勇于探索,融汇创新,就能形成中国企业的独特语言,展现中国企业文化的独特魅力。以此,与同行者共勉。

古井集团企业发展树

- 如果把企业比作一棵茁壮成长的大树,那么企业文化就是根,是企业这棵大树的生命力的源泉;企业战略就是魂,决定了企业这棵大树的外部形象。企业文化的价值要由企业战略的达成来体现,企业战略的实现要由企业文化作保障。

- 在企业文化这个根系中,"做真人,酿美酒,善其身,济天下"的核心价值观无疑是主根,对其他的企业理念有统帅和支配作用。其他理念作为侧根,丰富、细化了企业核心价值观的主根系统,共同形成了企业文化的"根系"。

- 古井的企业战略分为远景(复兴"中华第一贡")、中景(制造业帝国、双品牌双百亿)、近景(运营五星级、战略 5.0)。战略远景明确指出古井的发展方向,战略中景有利于古井保持发展的定力,战略近景有助于古井增强发展的韧性。

- 企业战略的实现,最终要靠一支能打胜仗的"古井铁军";企业文化的贯彻实施,同样需要"古井铁军"的强力执行。古井铁军,就是活着的企业文化、活着的企业战略。

- 古井企业文化就是始于曹操献酒,千年传承不息的"贡献文化"。2014 年,古井集团新一届管理团队总结提出以"做真人,酿美酒,善其身,济天下"为核心价值观的一系列企业文化新理念,进而将古井的"贡献文化"提升到一个与时代要求相适应的新境界。

目 录

董事长致辞 / 001
古井集团企业发展树 / 001

第一篇 理念篇

一、"贡献文化"及其源流 / 003
二、古井企业理念解读 / 006
三、古井员工行动纲领 / 023
四、古井员工誓词 / 028

第二篇 行为篇

第一章 饮尽千古风流 / 031
  一、壶中日月 / 032
  二、酒中乾坤 / 054
  三、长寿之乡 / 060
  四、中华酒谷 / 063
  五、黄鹤楼酒历史文化 / 075

六、古井酒道 / 079

第二章　中国最好的白酒 / 095
　　一、"古井贡酒"四字解读 / 096
　　二、大师精神的传承与创新 / 098
　　三、主要生产工艺特点 / 099
　　四、千年古井贡酒酿造技艺 / 103
　　五、"135 精益质量"管理模式 / 104
　　六、阴阳五行与古井贡酒 / 105
　　七、古井贡酒品鉴方法 / 106
　　八、"酿酒"与"造酒" / 109
　　九、"原酒探秘·健康养生"之旅 / 110

第三章　中国最优秀的白酒营销团队 / 111
　　一、品牌形象 / 112
　　二、营销战略 / 114
　　三、市场服务 / 116
　　四、团队建设 / 118

第四章　中国白酒制造业帝国 / 119
　　一、古井战略 5.0 / 120
　　二、四大平台 / 122
　　三、四大中心 / 129
　　四、国际化的新古井 / 131

第五章 中国最具竞争力的管理团队 / 133

一、聂广荣精神 / 134

二、古井铁军 / 135

三、党管一体 / 136

四、运营五星级 / 138

五、挂图作战 / 140

六、审计全覆盖 / 141

七、"毛细血管" / 142

八、再造一个新古井 / 144

第六章 员工行为规范 / 145

一、文明行为规范 / 146

二、接待客人礼仪规范 / 147

三、重大仪式规范 / 149

四、道德行为激励 / 152

五、系列活动日规范 / 154

六、员工奖惩办法 / 155

第七章 优秀企业公民 / 157

一、贡献 / 158

二、幸福 / 159

三、扶贫 / 164

四、公益 / 165

五、环保 / 168

第三篇 形象篇

一、古井集团企业文化传播管理规定 / 171

二、古井集团 VI 标识及应用 / 172

三、各子公司 VI 规范 / 175

四、古井歌曲 / 180

第一篇
理念篇

古井贡酒·年份原浆

一、"贡献文化"及其源流

　　古井企业文化建设以"中华第一贡"为旗帜,以"贡"字为核心,以"忠诚、贡献、共享"为特征。

　　"贡献文化"起源于1800多年前的曹操献酒,经过"古井自古有名,贡酒应贡人民"的现代传承,最终形成了以使命——"贡献美酒,乐享生活",愿景——"做中国最受欢迎、最受尊重的白酒企业",价值观——"做真人,酿美酒,善其身,济天下"为主要内容的古井"贡献文化"。

　　"中华第一贡",范围不限于国内,而是把自己与中华文明、全球华人紧密联系在一起,这就为古井产品以后走向海外市场和国际化,随着中华文化的复兴而复兴奠定了理念基础。

　　古井"贡献文化",源于道德之乡的滋养。亳州是酒乡药都、天下道源、颐养圣地,这里人文荟萃,老子、庄子、曹操、华佗等诞生于此。老庄是道家始祖,所以亳州又称道德之乡。生活在道德之乡的亳州人,"不为良相,便为良医",所以在老庄之后(500

年后）相继出了一位良相——曹操,出了一位良医——华佗。在这四位圣贤身上,充分体现了中国人"达则兼济天下,穷则独善其身"的悠久传统,这也是古井核心价值观中"善其身,济天下"的历史源起。

古井"贡献文化",发轫于曹操献酒。年轻时的曹操,笃信老庄学说,特别是对庄子崇尚本真、饮酒贵真、"醉者神全"很感兴趣,后来专门研究酿酒之道,总结并改进了当时的酿酒方法——这即是古井核心价值观中"做真人,酿美酒"的最早由来。建安元年(196年),曹操专门将家乡亳州产的"九酝春酒"进献给汉献帝刘协,并上奏具体的酿酒方法,这成为古井贡酒的历史源头,也是古井"贡献文化"的发端。

古井"贡献文化",赋形于亳州商业文明。中国的商业文明是从古代商族人最早的都城亳州（史称"汤都亳"）开始的。如《竹书纪年》记载,商汤先祖王亥曾经驱赶牛羊与邻国贸易,后世便将从

事交换买卖的人称为"商人",将交换买卖称为"商业"。

自商之后,后世亳州人物辈出,如被誉为"商圣"的范蠡就是亳州涡阳人。在亳州商业文明的辐射带动下,后来才有了徽商、晋商等中国著名商帮商派。明代正德年间的减店公兴槽坊,就是古代亳州商业繁荣、酒业兴盛的一个历史标志,距今已经500多年了,现在成了"国保"单位——古井贡酒酿造遗址。

古井"贡献文化",重生于红色基因传承。1959年,古井从一个不起眼的小作坊(公兴槽坊)转制成为国营古井酒厂,之所以后来能够成为国家名酒,成为资产超百亿的企业集团,关键就是几代古井人在党的领导下,奋力发扬贡献精神,融合国企红色基因,相继提出"擦擦汗、拨拨灯,超额任务上北京""团结创业,求真务实,敢为人先,奉献进取""做亳州工业的长子、地方经济的孝子、中华文化的赤子"等一系列经营理念,在企业迅速成长壮大的过程中,不断丰富和发展出"贡献文化"的新内涵。

以"做真人,酿美酒,善其身,济天下"为核心的古井"贡献文化",是2014年新一届管理团队在社会主义核心价值观引领下,结合企业自身而提出的,是企业经营的新理念、新方向、新境界。

二、古井企业理念解读

使命：贡献美酒　乐享生活

　　古井人秉承酒神曹操缔造"中华第一贡"的"贡献文化"，以酿造中国最好的酒、提供最好的产品与服务、让消费者乐享生活，作为企业的使命。

　　从贡酒到贡献，从共享到共赢，是自古以来古井人一以贯之的理想。简单工作、快乐生活，是现代人的追求，是具有大众价值的生活理念。把二者结合起来，贡献美酒、乐享生活，是体现古今一体、返璞归真的人生观。

　　从古井集团产业格局来看，白酒是主业，是企业生存发展之本，所以古井人的使命首先是"贡献美酒"；同时，集团还有酒店、房地产、农产品深加工、文化旅游、金融服务等产业，它们和白酒一样具有一个共同点，就是服务于人们的日常生活，是为了"乐享生活"而存在的。所以从总体上看，贡献美酒、乐享生活能够代表古井集团各产业的共同属性及其存在价值，是古井人名副其实的使命。

中华第一贡 THE FIRST TRIBUTE WINE OF CHINA

愿景：
做中国最受欢迎、
最受尊重的白酒企业

做好企业，做中国最受欢迎、最受尊重的白酒企业，是"中华第一贡"的应有之义，也是古井集团持之以恒的追求。企业做大做强，只是做好的一个必要条件，而不是全部。

最受欢迎的白酒企业，是一个消费者利益至上的企业。古井一贯坚持"质量第一，信誉第一"的经营方针，以酿造"中华第一贡"为荣，以为消费者提供完美的饮酒体验及文化体验为目标。

最受尊重的白酒企业，是一个具有良好企业公民行为的企业。诚信经营，依法纳税；善待客户，友好合作；坚持以人为本，营造员工幸福家园；注重环保，热心公益，勇于担当社会责任，挺起国有企业的精神"脊梁"。

仁义无价，仁者无敌。最受欢迎、最受尊重的白酒企业，必将是未来最强大的白酒企业。

价值观：
做真人，酿美酒，善其身，济天下

做真人：诚实守信，按规律办事，按科学办事，这是我们的立身之本。古井人要老老实实做人、踏踏实实做事、实实在在做市场，来不得半点虚假。不说假话、大话、空话，不瞒上欺下。"政治上的明白人，事业上的老实人，生活上的朴素人"是其基本要求。

酿美酒：精益求精，崇尚工匠精神，追求极致主义，这是我们的从业之道。反对大而化之，反对搞形式、花架子。古井人要生产出最好的让消费者称道的产品，无愧于

"中华第一贡"的美誉。

善其身：正己安人、严守法度、心存敬畏，这是我们的基本操守。古井人要管好自己、爱好自己，从生活上、工作上、学习上等方方面面守住底线，不违法、不违规，不吃拿卡要，不恶语伤人。坚持理想信念，在改造客观世界的过程中不断改造主观世界，不断完善自我、提高自我。

济天下：立德扬善，大爱无疆，情怀天下，这是我们的崇高追求。古井人要主动承担社会责任，做优秀企业公民。包括回报股东价值，与客户、员工及各利益相关方共享利益，不务虚名，不好高骛远，并积极行善、贡献社会、传递企业正能量。

"做真人，酿美酒，善其身，济天下"，虽然只有12个字，但是包含了人类对于"真、善、美、天"的永恒追求。其中，既有"做人"与"做酒"的统一，又有"个人"与"天下"的统一，它把员工、企业（产品）、社会有机地融合起来，就像社会主义核心价值观国家、社会、个人三个层面的统一，或如古代"修身、齐家、治国、平天下"，崇尚"天人合一"一样。可以说，古井核心价值观既是对中华文化的继承发扬，又是对社会主义核心价值观的具体践行，它是新时期古井人的行为指南和精神高地。

三正生态：
　　人正事正
　　公平公正
　　风清气正

　　没有一个良好的内部环境和企业生态，员工的成长、企业的成功都是难以想象的。

　　人正事正，是指古井人要像"国槐"一样，顶天立地、爱憎分明、立场坚定，时刻传递正导向、传送正激励、传播正能量。

　　公平公正，是指企业要搭建一个鼓励成才、助长成功、激励成就的舞台。不让老实人吃亏，不让小人得利，不让投机者钻营。

　　只要人正事正、公平公正了，我们相信古井的天空就不会出现"雾霾"，一定会"蓝天白云"、风清气正。只有这样，企业才能长远地发展下去。

三人标准：
　　政治上的明白人
　　事业上的老实人
　　生活上的朴素人

新时期的古井人，面对当前全面变革的时代，要做政治上的明白人，坚持社会主义核心价值观，严于律己，按法律规矩办事，确保方向正确，不胡说，不"嘲说"，不"怨说"；要做事业上的老实人，以实际行动践行"做真人，酿美酒，善其身，济天下"的古井核心价值观，内化于心，外化于行，尤其是管理团队要有视野、有胸怀、有格局；要做生活上的朴素人，按照"仁义礼智信、温良恭俭让、忠孝廉耻勇"的中华民族传统美德，保持劳动人民的本色，建立感恩型、学习型和创新型组织。

思维方式：
站在月球看地球，跳出古井做古井

　　思想的局限、视野的狭隘，是一个企业在成长过程中遇到的最大制约。面对当今激烈的市场竞争，我们一定要有更广的视野、更宽的胸怀、更高的格局，"打法"要不同，要有新的突破，要善于逆向思维、反手出牌，才有可能实现我们的战略规划。全体人员要有"站在月球看地球，跳出古井做古井"的思维方式。

　　要树立正确的思想意识和价值观，努力站得更高、看得更远，认清社会趋势、行业大势和企业形势。敢于否定过去、转变观念，实现企业经营的颠覆式创新，推动具体工作的突破性进展。

战略目标：
"拿下一百亿，冲向前三甲"及
"制造业帝国"

做大做强，一直是古井集团的主要经营方向。具体来说，就是主业白酒要"拿下一百亿，冲向前三甲"，打造"制造业帝国"。

"拿下一百亿，冲向前三甲"：这是几代古井人梦寐以求的理想目标。从"回归与振兴"到"跨越式发展""再造一个新古井"，我们的目标始终如一，就是实现主业白酒销售收入100亿，主要经济指标及综合实力达到行业前三的位置。

"制造业帝国"：包括四大平台和四大中心。四大平台，即以白酒为核心的"制造业平台"，这是古井集团生存发展的基础和主业，目前包括古井贡酒、黄鹤楼酒两个品牌；以房产、商旅、农产品深加工为主的"实业平台"；以金融集团为主的"金融平台"；以酒文化、酒生态、酒产业、酒旅游为核心的"文旅平台"。四大中心，即呼叫中心、采购中心、物流中心、数据中心。

走进战略5.0：制造、实业、文旅、金融四大平台将完成一体化整合，以古井贡酒全球呼叫中心为前端，以四大平台和采购中心、物流中心、数据中心作为中端和末端，四大平台交相辉映，四大中心相辅相成，共同组成一个有机统一的闭环式的"制造业帝国"。

更长远的目标：古井集团将在"围绕战略5.0，打造运营五星级"的基础上，再造一个国际化的新古井，最终实现"中华第一贡"的伟大复兴。

战略路径：
大师智企、跨界整合
结构优化、人岗互动

战略目标确立后，选择什么样的实现路径至关重要。

大师智企：以国内外一流的企业为标杆，与大师握手，向高手看齐，提高自身。既要外请大师，也要培养自己的大师。建立大师工作室，配备相应的资源、经费、学员等。真正把有能力的人、能担当的人、可以干大事不出事的人引进来、请出来，给予他们发挥的空间和成长的环境。

跨界整合：当今时代，只有勇于站在行业发展制高点，整合内外资源，为我所用，才能跟上时代的步伐，实现突破发展。集团内部要整合，组建采购中心、物流中心、数据中心等。对外也要因机而动，适时整合业界资源，不断扩大经营规模，增强综合实力。

结构优化：我们要改变内部交易结构，优化调整内部组织结构，就像玩转魔方那样，变换一个角度与方式，即出现不同的结构。以此来提高公司的组织能力，系统地降低成本、提高效益。

人岗互动：要改变传统的守岗意识，关键岗位的人员必须三年一换。不换思想就换人，不换方法就换岗位，不换模式就换位置。时刻保持积极性、创造性，打破习以为常的操作模式和思维定式。

生产理念：
向生产要质量，向质量要口感，
向口感要风格，向风格要不同

生产,是企业产品(服务)增值的过程。为了深层次满足用户需求,牢固树立古井品牌形象,我们必须坚持"向生产要质量,向质量要口感,向口感要风格,向风格要不同"的生产理念。

质量是企业的生命线,"质量升,古井上;质量降,古井下"。所以,向生产要质量,就是坚持"质量为天",以生产合格产品作为生产过程的基本要求。

"头上三尺有神明",我们要把"质量"时刻悬在头上,奉作神明。就白酒生产而言,要坚决反对大糠大水,坚决反对任何添加剂,坚决反对任何假数据,这是我们"做真人,酿美酒"的底线。

确保质量(合格)只是第一步,我们还要崇尚工匠精神、追求极致主义,给予用户超出其期望值的满意口感。

营销就是卖感受,卖"不同"。产品只有让用户满意,让用户感受到卓尔不群的消费体验,才有卖点,才能卖好,而不仅仅是卖掉。

一个企业的长期健康持续发展,最终要依靠产品本身,回归到对于品质的永恒追求上。

市场理念：
　　用户的诉求就是我们的心愿，
　　用户的利益就是我们的价值

　　古井的生存与发展，必须始终坚持以不断满足市场需求为根本，一切服从于营销，一切服务于市场。重点就是以用户为中心，做好各种服务工作。我们必须随时掌握用户的不同诉求，不仅要及时响应，还要正确处理、举一反三、深入满足。把用户的诉求当作我们的心愿，视用户的利益为我们的价值。只有这样，才能真正服务好用户，不断发展用户，切实建好市场，维护企业的根本利益。

　　不能保证用户利益的企业，是无法保证企业利益的。不能满足用户诉求的企业，也是难以实现企业诉求的。只有将用户价值与企业价值连成一体，真心实意为用户着想、为用户服务，才是真正地对企业负责。

行为理念：
　　人人是古井品牌，
　　人人是古井形象，
　　人人是古井榜样

　　员工行为是对企业理念的最好阐释。"一打纲领，不如一个行动"。在员工行为上，我们积极倡导并践行"人人是古井品牌，人人是古井形象，人人是古井榜样"。

　　无论是在市场上，还是在社会活动中，每位古井人都要牢固树立"万名员工就是一个古井"的意识，像爱护自己的眼睛一样爱护古井品牌，维护古井形象，争做古井榜样。

　　同时，要带动身边的人，都来积极关注古井、支持古井、参与古井的活动，热爱古井的产品。要主动向外界推介古井，乐于向亲友宣传古井，不断传播古井正形象，传递古井正能量。坚持抵制各种有损公司利益与形象的言行。

　　最根本的，还是以身作则，把"做真人，酿美酒，善其身，济天下"的价值观及古井"贡献文化"，切实体现在员工个人的一言一行中，落实在具体的工作或服务中。这是最好的"广告"，也是最好的古井品牌、古井形象、古井榜样的体现，是企业经营的极致。

人才观：
人才比产品更重要，
成长比成功更重要

  人才是指具有一定的专业知识或专门技能，能够胜任岗位能力要求，进行创造性劳动并对企业发展做出贡献的人，是人力资源中能力和素质较高的员工。人才不仅具有良好的技能，还有良好的品行。具体而言，就是古井的"五讲、四美、三热爱"。即讲原则、讲正气、讲奉献、讲传承、讲实干；心灵美、形象美、语言美、行为美；热爱党和祖国、人民，热爱企业、岗位、品牌，热爱家人、同事、自己。

  尊重知识、尊重人才，是企业做好经营管理工作的重要前提，也是一个企业持续发展的动力源泉。有了一流的人才，才有可能生产一流的产品；有了良好的成长，才可能取得一个又一个的成功。

  古井不仅要能生产优质的产品，更要能"生产"优秀的人才！我们要坚持大师智企、专家智企的理念，积极培养各个方面的行家里手，充分发挥人才的核心带动作用。

执行理念:
 一天不懈怠,一处不放过;
 只为成功找方法,不为失败找理由

执行是企业各项决策、计划、任务的落实。没有到位的执行,再好的决策、计划、任务也是一场空。在古井,要做好执行工作,必须坚持勤业、敬业的基本操守。

勤业:即"一天不懈怠,一处不放过"。在古井,"认真"就是我们的共同职业。无论身在哪个部门、处在哪个岗位,都要坚持"挂图作战",随时进入应战状态和工作状态。在工作中绝不敷衍,不放过任何一处细节,确保工作的质量与效果,追求圆满与完美。

敬业:即"只为成功找方法,不为失败找理由"。一切以结果为导向,为达成工作目标,全力以赴,想尽一切办法。即使受到暂时的挫折,也绝不气馁,而是继续努力,谋求点滴的创新与突破,直至最后的成功。要始终保持高昂的工作状态,不达目的誓不罢休。

团队理念：
精诚团结、简单高效
责任担当、富于爱心

企业经营的成功，必须依靠团队的力量，依靠从集团高管到基层班组的一个个团队力量的凝聚。

"古井团结如一人，试看市场谁能敌？"团队的团结，始终是团队建设的首要目标。全体员工要团结在目标上，团结在愿景上，团结在核心团队的共同诉求上，荣辱与共，把古井做强做大。公司上下要形成事业的同盟体、责任的同盟体，不允许个人利益、局部利益凌驾于团队利益之上。整个集团只能有一面旗帜、一个声音、一个调子。大家齐心协力，去除杂念，高效运转，共同经营好古井的事业。

要待人真诚，忠实可靠。内部意见不一致时，要面对面、敞开心扉地沟通。不要把话憋在肚子里，要多交流，避免无谓的误会。要敢于承担责任，做到"疑惑不过夜，心中不留痕"，只有这样，才能真正解决问题，才是真正团结同事。个人的些许成功，来自于大家的支持，要感恩团队、感恩企业、感恩社会，要不断奉献自己的爱心，帮助他人克服困难，助力企业走向成功。

行动准则：

一切服务于销售，一切服务于市场；

一级带着一级干，一级干给一级看；

坚守承诺、行动、快！

企业管理不是理论，而是实践，是行动。古井行动的基本准则，一是全员营销，二是领导带头，三是效率至上。

全员营销，即"一切服务于销售，一切服务于市场"。销售是企业的最前线，市场是企业的指南针。我们各个部门、各个岗位的工作就是为了更好地服务营销一线，满足市场需求。

领导带头，即"一级带着一级干，一级干给一级看"。管理人员作为公司方方面面、大大小小的领导，必须发挥带头作用，要以身作则、率先垂范、抓好业务、带好队伍，为企业创造价值。

效率至上，即"坚守承诺、行动、快"。对于每个岗位上的员工来说，任务就是承诺，职责就是承诺，共同的愿景、使命、价值观更是一种承诺。对于承诺的兑现、工作的落实，必须坚持效率至上、行动为先，用结果说话。

必胜信念：
态度决定一切，精神战胜一切，状态改变一切

信念，是人生的精神支柱。具有什么样的信念，决定着人生的方向与价值。古井人追求胜利、坚持胜利的信念，一直是企业不断获得成功的秘密法宝。这个法宝包括三个方面：态度、精神、状态。

态度为"首"。有些事情我们可能一时改变不了，但是可以改变对于事情的态度。态度变了，事情本身的价值才能改变，意义才能显现出来。我们要坚持做正确的事情，就要有正确的态度。

精神为"干"。在探索规律、克服困难的过程中，充分发挥人的主观能动性是至关重要的。没有一种精神力量的支撑，古井"拿下一百亿，冲向前三甲"的目标是难以实现的。

状态为"躯"。一个人成功与否，看看他平时的状态就知道了。在不在状态，状态是好是差、是弱是强，就像温度计一样，能够清晰地标示出一个人距离"沸腾"及成功还有多远。

古井要打造"制造业帝国""拿下一百亿，冲向前三甲"，前面的艰难险阻必定很多。只要我们坚持"态度决定一切，精神战胜一切，状态改变一切"的必胜信念，再大的困难我们也能克服，再高的山顶我们也将踩在脚下。

三、古井员工行动纲领

- 坚守产品质量底线,坚守做人道德底线,争当行业模范!
- 做古井的移动广告牌。
- 不放弃每一个锻炼的机会,不错过每一个展示的平台。
- 行动快、数据准、勤沟通、守底线。
- 少说漂亮话,多做实际事。
- 老老实实做堂堂正正的人,扎扎实实干实实在在的事。
- 不拉帮结派,不徇私舞弊,不正之风不染,不义之财不取,不净之地不去,不法之事不做。
- 行动创造价值,思想成就未来。
- 保质保量,落实安全生产;精益求精,追求最佳口感;积极探索,培养独特风格。
- 孝心献给父母,忠心献给古井,诚心献给用户,爱心献给同事,信心献给自己!

- 爱酒不酗酒,敬酒不拼酒,向消费者传达健康文明饮酒理念。
- 换位思考,以消费者的立场来酿造白酒,拒绝闭门造车,采他山之玉,纳百家之长,酿百姓之酒。
- 讲仪表、重言行、负责任、敢担当。
- 团结友爱,工作愉快;敢于担当,管理有方。
- 销售是咱排头兵,哪头轻重要分清。
- 有什么样的想法,就有什么样的未来。
- 用先辈酿酒贡献帝王的心态,酿造今日贡献人民的美酒。
- 勤反省,自警自励强本领。
- 管好嘴,收住腿,手莫长,心莫狂,规范自己的行为准则。
- 与大师握手,与时代同步,系统运行,创新思维。
- 质量升,古井上,要把"质量"时刻挂心上。
- 了解市场需求,诚心贡献美酒。
- 服务工作用心干,一心围着用户转。
- 不以权势大而破规,不以问题小而姑息,不以违者众而放任。
- 古井需要不断思考的人,古井尊重不断学习的人,古井重用不断进步的人。
- 能力成长远比经济收入重要得多。
- 老毛病,要根治;小问题,要重视。

- 用脚去走路,用嘴去沟通,用眼去观察,用耳去采集,用手去记录,用心去体会,用脑去分析。
- 按时做好点检表,日清日结要做到。
- 一个声音,精诚团结;一个步调,简单高效;一颗爱心,舍我其谁。
- 员工冷暖记心上,经常谈心不能忘。
- 人心齐,泰山移,销售业绩向上提!
- 心动不如行动,说到不如做到。
- 为了做好市场,张开嘴、迈开腿、弯下腰、端起杯!
- 只有敢为、勤为,才能有作为。
- 为我们的企业贡献自己的青春与力量,在工作中不断地提升自己。
- 手勤、脚快、心细、脑动,做好本职工作,用心服务、支持销售,共同创建古井家园。
- 古井百亿不是梦,踏实苦干向前冲。
- 传递古井正能量,树立古井正形象,不传谣,不造谣。
- 少说、多干、慎议论。
- 一个疏忽百人忙,人人细心更顺畅。
- 执行工艺不走样。
- 内不欺己,外不欺人,真实诚恳,言行一致,没有虚假,实事求是。
- 坚守公司利益,解决用户诉求,实现自己价值。
- 站好自己的岗,做好自己的事。

中华第一贡 THE FIRST TRIBUTE WINE OF CHINA

- 今天工作向我看,做人做事显模范;领导干给员工看,廉洁务实树风范。
- 不虚度,不说谎,不攀比,不掉队,信守承诺,承担责任,诚实做人,踏实做事。
- 手净,不该拿的不拿;脚净,不该去的不去;心净,不该做的不做。
- 管理中不偏不私、不姑息、不放纵。
- 为人处世犹如"定量灌装机"一样,瓶瓶如一!
- 将心态摆正,知缘由,辨是非,做正确的事,对事不对人。
- 创新、出奇、制胜。
- 当局者迷,旁观者清,学会换位思考。
- 工作思路要解放,全局、创新两不忘。
- 质量是生产的生命线,口感是质量的等压线,风格是口感的风景线。
- 优良品质成就傲人效益,独特风格引领行业潮流。
- 今天的质量,明天的市场。
- 有一说一,有二说二,诚待消费者。
- 尊敬古井的每一位消费者。
- 古井品牌就是咱,时时刻刻要宣传;古井就是咱的家,别人不夸咱得夸。
- 全心全意、尽心尽力,品牌形象,从我做起。
- 我的代号叫"古井",一言一行为古井。
- 不好高骛远,坚持脚踏实地;从本质求目标,由实际求结果;今日事今日毕,及时总结,学会反思。
- 积极主动,不折不扣,迅速行动,关注细节,高效协同。
- 不谋私,多为团队着想;不扯皮,快速行动做事。
- 敢于担当责任,勇于直面矛盾,善于解决问题。
- 跟我冲,快如风! 跟我上,打胜仗! 观念一转大变样!
- 行动是成功的开始,等待是失败的源头。
- 不退缩,不畏惧,永不言败,相信方法总比困难多。

- 时刻坚持以质量为天,酿出优质美酒。
- 踏踏实实工作,快快乐乐生活,传递美酒你我他,无愧于自己,无愧于古井,无愧于社会!
- 奉献就是人生,务实就有作为。
- 用知识武装自我,用数据证明自我。
- 为人处世做到"礼、谦、正",工作生活做到"勤、实、专",人际交往做到"宽、帮、敬"。
- 向生产要质量,不接收、不制造、不流出不良品!
- 以诚待人是根本,以美示人是追求,以善与人是美德。
- 正直的古井人,酿大伙爱喝的酒。
- 实干兴企,一个行动胜过一打纲领。
- 要有真知灼见,肯说真话,敢驳假话,不说谎话。
- 认真核算,不做假账。
- 不给懒惰留缝隙,脚踏实地赢百亿。
- 诚信做人,诚实做事,优化市场,决胜终端;虚怀若谷,提升自我,敢于承担,勇于奉献。
- 做人要有底线,尊重他人,体恤同事,不贪小利,知足常乐,生活坦荡天地宽。
- 写你所说,说你所做,做你所写。
- 不触底线,不踩红线,不碰高压线。
- 只有想不到,没有做不到。
- 我们的决心就是我们的资源,我们的信念就是我们的未来。
- 时刻把公司的利益放在首位,物尽其用,节约资源,创造价值。
- 向高手看齐,提升自己。打破常规,进行改变。
- 只有满意的员工,才能带来满意的客户。

四、古井员工誓词

古井员工誓词

身为古井员工，
必须爱党爱国，遵章守纪，勤勉耕耘，为古井效力；
必须志存高远，砥砺品行，善于学习，乐于奉献；
必须团结同事，诚实守信，尊重上级，爱护下级；
必须一身正气，脚踏实地，创新有为，追求效益；
必须坚定信念，胸怀全局，敢于担当，为中华第一贡的伟大复兴而竭尽全力！

第二篇

行 为 篇

第一章　饮尽千古风流

古井贡酒是天地共酿的灵物。天，包括中原腹地适宜的气候、温度、湿度、日照时长等；地，包括历史文化名城亳州独特的地质、水土、粮食、微生物环境等；再加上世代古井人的聪慧与努力，以酒神传授的酿酒方法虔诚酿造，赞天地之德，夺造化之功，始得这中华第一玉液琼浆。

古井贡酒是人神相通的媒介。

从古井酿酒的神秘过程、饮酒的神魅力量、行酒的神奇效果来看，正如诗人艾青所写，"她是欢乐的精灵，哪儿有喜庆，就有她光临"。通过饮用古井贡酒之后，在一种微醺状态下，凡人超越了庸常的生活，飘飘然与天地一体，赫赫然俯瞰众生，体悟到了人生另一层境界。

天地共酿、人神相通的古井贡酒，引无数英雄"对酒当歌"，为亿万百姓助兴解忧。无论是洞房花烛夜，还是金榜题名、生老病死，人的一生何时少得了酒？全球华人，何时少得了"中华第一贡"？

古井贡酒，贡献天下华人。

一、壶中日月

1. 贡酒源流

早在距今5000多年的新石器时代,亳州便已是先民聚集之地。亳州地区发现了如尉迟寺遗址、傅庄遗址、钓鱼台遗址、后铁营遗址、青凤岭遗址等先民遗址,出土了近万件石器、陶器、骨器、蚌器等珍贵文物,包括先民饮酒使用的陶尊、陶甑、陶罐、陶鬶和高足杯等。这说明早在5000多年前,亳州地区就已经出现了酿酒活动。

钓鱼台遗址曾经出土了中国最古老的小麦。1955年,在该遗址内发现一件盛装碳化小麦的陶鬲,经中国社科院考古研究所测定距今4500年左右。此外,还发现了一些形制类似于后世酒器的陶器。由此来看,当时已有了大量的粮食结余,从而为酿酒提供了必备条件。自传说时期的五帝时代至商代,亳州均为中原地区重要的政治中心之一,酒文化的传承不言而喻。

建安元年(196年),曹操把家乡亳州出产的"九酝春酒"进献给了汉献帝刘协,并

上奏《九酝酒法》,阐述了美酒的酿制方法。这是中国白酒作为贡品的最早文字记载,也是中国历史上有文字记载的最早的酿酒方法之一,古井贡酒也因此得名,曹操亦被尊奉为古井贡酒神。

在中国,对于酒神并没有定论,人们经常提到的仪狄、杜康,只是传说中最早酿酒的人,还不能算作酒神。而从《齐民要术》的记载中可以认定,曹操在亲自尝试并改进酿酒方法后,把酿酒方法总结、记录了下来。曹操不仅为后人留下了最早文字记载的"九酝酒法"和进贡事件,还留下了大量的爱酒、懂酒、惜酒、劝酒的诗文和煮酒论英雄、酾酒临江、横槊赋诗等许多与酒有关的故事。当然,最重要的是,曹操为后人留下了闻名中外的"中华第一贡"——古井贡酒及其"贡献文化"。所以,他是古井贡酒不折不扣的酒神。

2.谯令谷屯田酿酒

建安初年,曹操"军至谯,作轻舟,治水军"。曹操在涡河北岸设立屯田所训练军队,其地后名为谯令谷。《嘉靖亳州志》载:"谯令谷,在东北三十里。魏武所筑,有谯令碑。"《光绪亳州志》又载云:"南曹寺,在城北三十里。""北曹寺,在南曹寺之北二里。碑称旧系曹操屯兵处。"曹操屯田处就在古井镇。

曹操是九酝春酒的开创者,曹操屯田谯令谷后继续酿造九酝春酒。此外,在曹操家族墓群中曾经出土了青瓷罐、铜耳杯和陶壶等酒具,还出土了许多如"沽酒各半各""尧饮枚千锺"等文字砖,说明曹氏家族之好酒。

古井镇旧名"简塚店""减冢店",自古便是经济与军事重镇。《清实录》载道光帝命云:"亳州营属减冢店委各一员,兵各十五名。"道光皇帝亲令在减冢店设置官兵,以便利邮传和往来巡察。正因如此,减冢店才成为中国酒源之一。

"水为酒之血,名酒必有佳泉。""酒中牡丹"古井贡酒之所以"色清如水晶,香纯如幽兰,入口甘美醇和,回味经久不息"而饮誉海内外,与酿酒所取水的古井密不可分。千百年来,当地百姓一直用该井水酿酒。井水清洌甘甜,富含人体所需的锶、碘、溴、硅、钙等微量元素,为钠型优质饮用天然矿泉水,对人体有强身健体之功效,被世人誉为"天下名井"。

3.中原酒都

宋代亳州亦为酒税重地。《尚书祠部郎中赵宗道墓志》载墓主赵宗道曾经得罪宋仁宗,将要因罪免职,"御史中丞鱼公周询极陈其得复,中允监亳州酒税"(《中国历代石刻史料汇编·第三编》)。时任御史中丞的鱼周询为其求情,赵宗道被派遣到亳州监酒税。晁补之被贬往亳州任知州,亦曾监亳州酒税(《鸡肋集》)。在宋人文集中还记载了数量庞大的亳州酒税史料。如 "梁知新添差监颍州亳州监酒税"(《续资治通鉴长编·卷四百九十五》),"(吕升卿) 升亳州监酒"(《东轩笔录·卷五》),"(曲全子)调得监亳州酤"(《拙轩集·卷六》),"(马志希)有司传檄旧绩,补亳州卫真县监酒税"(《长春道教源流·卷六》),"(蔡子难)再调房州司法参军,监亳州酒税"(《苏魏公集·卷五十六》)。

据《宋会要辑稿》载,宋代熙宁十年(1077年)以前,亳州共有谯县、城父、蒙城、鄢县、鹿邑、卫真、保安镇、永城、郸城镇、蒙馆镇、谷阳镇等12处酒务,岁酒课达到117068贯。熙宁年间,亳州酒税仍然达到10万贯以上(《宋会要辑稿·食货志》)。如此之多酒政的记载,说明亳州在宋代已经成为全国驰名的酒都。宋代以后,酒政更为发达。

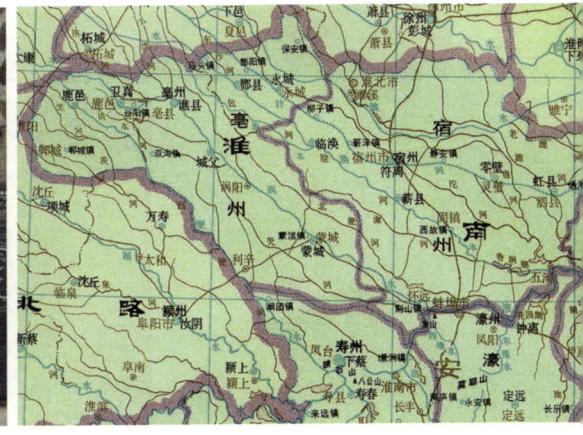

4.公兴槽坊

古井镇历史上酿造减酒的槽坊的代表,首推怀氏的公兴槽坊。公兴槽坊即古井酒厂的前身。在公兴槽坊旧址出土的汉代酒器,表明了此地在以前也是酒业发达地区。

公兴槽坊世称"历经九代",于1952年停业。据记载,最后一代公兴槽坊的继承人,可以上溯到明末一个叫"怀老万"的人。他是当时怀氏的代表人物,拥有土地48顷,有银"一溜18缸"。据怀氏先生世德碑载,怀氏系三国时吴尚书郎怀叙的后代,于明初由金陵迁至亳州,落户在减冢店南15里的怀家楼。怀氏在亳州期间,只有少数几人曾是百户之类的小官,开店经商、酿酒营生是他们的擅长。在其带领下,此地酒坊林立,附近百姓以地名命酒名,统称减家店出产的美酒为"减酒",减酒美名开始在这一带流传。事实证明,减酒是古井贡酒的前身。

5.古井贡酒的新生

1958年春,亳县张集乡第十一人民公社在公兴槽坊旧址办起减店酒厂。当时有32名职工,月产白酒2000公斤。当年秋,亳县县委工作检查组到减店酒厂检查工作,偶品尝酒厂生产的酒,大为惊叹。后经安徽省轻工业厅专业评酒家品评鉴定,认为"此酒风味独特,入口绵柔,落口甜醇,回味悠长,国内少见"。同年11月,安徽省轻工业厅派人专程赴亳县减店酒厂,考察减店集的酿酒条件和水质情况,并询问遗老,查阅有关资料,掌握减酒的生产史料,后将样酒呈送当时的省委书记曾希圣和省长黄岩。为确保质量,省轻工业厅暨食品局重新组织专家认真品评,并与省内外名优酒互相比较,认定该酒风味独特,当即贴上"此酒以百年老窖和古井泉水所酿,老五甑操作工艺,曾进贡过帝王"的标签,瓶装送中华人民共和国轻工业部食品局酿酒处鉴定。

1959年4月,安徽省轻工业厅拨款10万元,建成大曲酒车间、粮仓、酒库及破碎车间各一幢。7月21日,亳县减店酒厂改为省营酒厂。10月16日改为亳县古井酒厂。同日省轻工业厅通知:"亳县古井酒厂所生产的高粱大曲经省领导(即省长黄岩)研究决定命名为古井贡酒。其根据是:其一,东汉建安年间,曹操将家乡的九酝春酒以及酿造方法献给汉献帝刘协,自此九酝春酒成为历代贡品;其二,现在酿酒取水之古井系南北朝遗迹,距今已有1400多年的历史。"

1970年,黄岩亲自到酒厂视察,给予古井贡酒高度评价。

中华第一贡
THE FIRST
TRIBUTE WINE
OF CHINA

"古井贡酒"四个字由著名革命家、安徽省原政协主席张恺帆同志题写，气势宽厚，笔意流畅，行笔巧妙，浑然一体，与古井贡酒"色清如水晶，香纯似幽兰，入口甘美醇和，回味经久不息"的风格相得益彰。

6."贡"字风波

1960年2月26日，古井酒厂按级申请注册古井牌古井贡酒商标。3月18日，中央工商行政管理局致函答复：古井酒厂申请注册的古井牌商标可以使用，但"古井贡酒"最好改为"古井酒"，简介的第一段（即曹操与贡酒的关系）可删去，并加注汉语拼音和"注册商标"四个字。

4月18日，安徽省专卖公司经理高四龙给中央工商行政管理局写信说："我的看法，'贡'字放在上面有什么不好？况经黄省长(黄岩)提议，那么不用'贡'字可能因为有封建名词，就认为这个理由，我国和世界各国对这样的字眼还是用，而'贡'字表示过去是封建所用，现在革命了落到人民手中，这不正说明像故宫等大型建筑回到人民手中

一样吗？我意最好是不去'贡'字，若去还是请黄岩省长同意才行。简介原始的不用则可，若用，第一段就不能删去，如果硬性删去，那就失掉简介的意义了，或者说意义就不大了。如果说曹操与别的名酒有碍，那可以看看郭沫若同志替曹操翻案的文章。目前，我国戏剧舞台上，还在那里称孤道寡是否也要修改呢？还是我们的宣传部门来出个主意呢？我同意在商标上加汉语拼音和'注册商标'四个字。"后来，中央工商行政管理局终于同意用古井贡酒注册商标。

十年浩劫期间，中国传统文化受到了严重的摧残，中国传统文化色彩最浓的古井贡酒也难逃劫难。1967年，古井贡酒的"贡"字被戴上了"四旧"的帽子，数十万套"古井贡酒"商标被一举焚之，简易新商标"古井酒"以"革命"身份进入"革命者"手中。然而，文化的魅力是无法消退的。应消费者的强烈要求，1973年，古井酒厂上报安徽省轻工业局，请求恢复使用"古井贡酒"商标。1973年9月1日，安徽省革命委员会轻工业局下发关于同意恢复"古井贡酒"名称的批复。从此，古井贡酒这个历经政治、经济、文化沧桑的品牌才被固定下来，并为人们所钟爱。

7.四蝉金奖

1959年古井正式转制建厂后，于1963年10月首次参加了国家轻工业部在北京组织的第二届全国白酒评酒会，一举夺得"八大名酒"第二名。

全国同行闻讯万分震惊，各种猜测和议论不断，古井贡酒获奖笼罩上了一层神秘的面纱。已故的"酒界泰斗"周恒刚先生生前回忆说："全国一共有五次评酒会，从第一届到第四届，都是由我主持的。古井贡酒是第二届参加的。当时是在北京东单北京军区招待所里举行的。评酒都是秘密的，谁也不知道是谁的酒。经过几轮以后，评出

的结果,古井贡酒名列第二。这使我们评委也为之震惊……应该说这第二届评酒,才是中国酒的真正评比。因为1952年的第一届评酒,基本上不能算是正规,那时大家对酒的概念还不太清楚。第二届评出的八大名白酒才能真正代表白酒的水平。"

1963年获奖后,古井人再接再厉,完善工艺,在以后的1979年第三届评酒会、1984年第四届评酒会、1989年第五届也是最后一届评酒会上,蝉联名酒金奖。

8.岁岁进贡

历史上,古井贡酒曾经多次作为土特产进献于朝堂,故有"岁岁进贡,年年受宠"的传说。史书记载,在古井酒历史上有着六次进贡,这六次进贡在中国酒史上也是独一无二的,六次进贡反映出古井贡酒深刻的文化内涵,以及与中国传统文化连绵不绝的血脉亲缘。

从贡献帝王到贡献人民,"贡"字已经融入企业精神之中,最终形成了以"中华第一贡"为旗帜,以"贡"字为核心,以"忠诚、贡献、共享"为特征的古井集团贡献文化。贡文化是东方思想的总结和升华,同样也是一种责任感和使命感,是古典智慧与现代理性的完美结合。

（1）曹操献酒

建安元年（196年），曹操把家乡亳州出产的九酝春酒（即古井贡酒的源头）进献给汉献帝刘协，并上奏《九酝酒法》，阐述了美酒的酿制方法。这是中国白酒作为贡品的最早文字记载，也是中国历史上有文字记载的最早的酿酒方法之一。曹操献酒的故事已经广泛流传，成为中国酒文化的重要事件。

（2）夏侯道迁献酒

北魏太和十六年（492年），北魏大将夏侯道迁将九酝春酒进献给北魏孝文帝。夏侯道迁，亳州人，曾任北魏前军将军等职。《魏书》说他"国秩岁入三千余匹，专供酒馔，不营家产。每诵孔融诗曰：座上客恒满，樽中酒不空，余非吾事也"（《魏书·夏侯道迁传》）。夏侯道迁在南谯太守任上还手不辍杯，醉治政事，乃至于不避嫌与南人共饮。

(3)朱敬则献酒

唐长安三年(703年),宰相朱敬则进献九酝春酒给武则天。朱敬则(635—709),字少连,亳州人,官至同凤阁鸾台平章事,即武周的宰相。《新唐书》《旧唐书》《乾隆亳州志》《光绪亳州志》等皆有传。朱敬则清正不阿,武则天亦对他礼敬三分。武则天系爱酒之人,其父曾任职"光碌士",主管"酒醴膳馐之政"。

(4)鲁宗道献酒

宋大中祥符七年(1014年),宋真宗谒太清宫,并亲临亳州。原籍亳州的大臣鲁宗道向宋真宗进献九酝春酒,宋真宗大喜,"赐州城西门名朝真楼曰奉元,北门名均禧

楼曰均庆,北门涡水桥曰灵津,东涡水桥曰崇真"(《嘉靖亳州志·卷一》)。鲁宗道(966—1029),字贯之,亳州人。其为人刚正,多次进谏,有"鱼头参政"之称,一因"鲁"字上为"鱼"字,二因他骨硬得好像鱼头一样。《宋史》《亳州志》等皆有传。其任左谕德时,居住在酒肆附近,常常在酒肆中纵饮,甚至于皇帝召见也要等喝完了酒才去。来使劝诫他不要说自己饮酒,否则必然会得罪皇帝,鲁宗道不以为然。宋真宗责问他,他说:"饮酒,人之常情;欺君,臣子之大罪也。"真宗皇帝认为他忠诚可用,反擢升其为宰相。

（5）沈鲤献酒

万历年间，祖籍减冢店的沈鲤担任朝廷的"阁老"。就像当年曹操献酒一样，他也把家乡产的美酒，当时叫作"减酒"，献给了朝廷，并在奏折上引用了亳州当地民谣，"涡河鳜鱼黄河鲤，胡芹减酒宴嘉宾"。

（6）姜桂题献酒

晚清之时，亳州人姜桂题任直隶提督兼统武卫左军、热河都统、陆军总检阅等职，曾被皇帝赏赐黄马褂，并深得慈禧太后的赏识。他把家乡的"减酒"进贡给太后品鉴，为此慈禧还以"福"字回赐。

（7）献酒人民大会堂

新中国成立后，古井贡酒四次荣膺国家名酒金奖。1987年国庆期间，应中共中央办公厅人民大会堂管理局函请，古井贡酒成为国宴用酒，再次确立了"中华第一贡"的美誉。正如杨得志将军的题词："古井自古有名，贡酒应贡人民。"献给人民的古井贡酒，从此快速发展，获得新生。

9.名人与古井贡

庄子"醉者神全"

"忠贞以攻为主,饮酒以乐为主",在庄子看来,饮酒的目的就是使人欢乐。人应当保持自己天赋纯真的本性,不为世俗所拘束。庄子提出了"醉者神全"的观点。庄子云:"夫醉者坠车,虽疾不死。"人们在醉酒之后,他的精神无限集中,生死荣辱所有世俗的烦累都不能进入精神之中,即使遇到危险也不会惧怕。醉酒后精神越发高涨,思路更加狂放,更为接近精神的真实状态,以至于"死生惊惧不入乎其胸中"。并由此得出结论:"彼得全于酒,而况得全于天乎?"(《庄子·达生》)饮酒能够让人超脱凡俗,实现精神的保全凝聚。从这个角度来说,庄周梦蝶很可能就是酒后庄子精神逍遥的产物。

三曹父子创新风

"对酒当歌,人生几何;譬如朝露,去日苦多;慨当以慷,忧思难忘;何以解忧,唯有杜康……"这是曹操在惆怅中畅饮的苍凉慷慨,至今仍使人赞不绝口。"朝与佳人期,日夕殊不来。佳肴不尝,旨在停杯。"这是曹丕在《秋胡行》中的缠绵婉约,一代君王的情绪在杯盏中流露。"归来宴平乐,美酒斗十千。"这是曹植在《名都赋》中的难得的豪迈开怀,或许酒真的让他暂时抛却了太多的烦恼,推杯换盏间,他让自己的一世悲情随酒香飘散在历史尘埃里。建安文学中的父子三人把酒风融入了文风中,也让文风在酒风中发挥得淋漓尽致。

曹丕视故里谯(今亳州)为"龙兴之地",并为天下五"陪都"之一,免百姓田租,徙民屯田于谯。乡人感其恩,岁贡九酝春酒。有"天下才有一石,曹子建独占八斗"之称的曹植一生爱酒,沉湎于酒。其作品《公宴》中就详细描述了自己常用家藏九酝春酒宴请儒士。

神医华佗用酒治病

酒为百药之长,繁体"医"字从"酉",酉者酒也。《黄帝内经》有"汤液醪醴论篇",专门讨论用药之道。所谓"汤液"即今之汤煎剂,而"醪醴"者即药酒也。古人对药酒的医疗作用已有了较为深刻的认识。古人认为饮酒的目的在于"借物以为养",而不能"身为物所役"。酒不仅常被用作药材之引,以药材炮制药酒也很常见。

传说在一次偶然的外科施救中,神医华佗发现喝醉酒的人失去知觉后,不会挣扎乱动,手术异常顺利。由此他获得启发,搜集了许多种草药,调配了各种药方,反复试验,终于发明了世界上第一种手术麻醉剂——麻沸散。古时麻沸散就是以酒为引,用酒冲服的。

张飞嗜酒九酝春

张飞是三国时期的名将,以好酒闻名。据《魏略》记载:"建安五年,时霸从妹年十三四,在本郡,出行樵采,为张飞所得。飞知其良家女,遂以为妻。"张飞途经谯县,娶夏侯氏为妻。其长女嫁给刘禅为皇后。张妻为其酿家乡九酝春酒,张飞大喜,常饮至醉。蜀国建立后,张妻还将酿酒方法教授给当地百姓,促进了后来川酒的兴起。

嵇康"玉山倾倒"

嵇康是三国时期与酒有着不解之缘的文学家、音乐家,留下的"广陵绝响"(《广陵散》)成为我国十大古琴曲之一。他曾在其作品《酒会诗》中坦言,自己情感的载体就是酒和琴,那是他生命的寄托。"竹林七贤"之一的他在家乡亳州经常以诗会友,并共饮家乡美酒九酝春酒欢乐助兴。其醉酒后"玉山倾倒"的俊美姿态,成为后世文人雅士争相效仿的经典。

姚崇复古坊酿酒

唐代宰相姚崇在中宗时，曾外调为亳州刺史。在亳任职时，他在魏井旁复古坊(今公兴槽坊旧址)酿酒，对当地百姓来说是件幸事，受到了老百姓的欢迎。

陈抟以酒养生

道教宗师陈抟老祖是亳州人，精通酿酒。《亳州志》记载有"希夷酒"，相传就是他在"九酝酒法"基础上自创酒法酿成的。据说，在武当山修炼时，他服气辟谷，日饮酒数杯，并在此创制了著名的太极图。因为有了酒的养生相伴，陈抟仙逝时已有118岁。

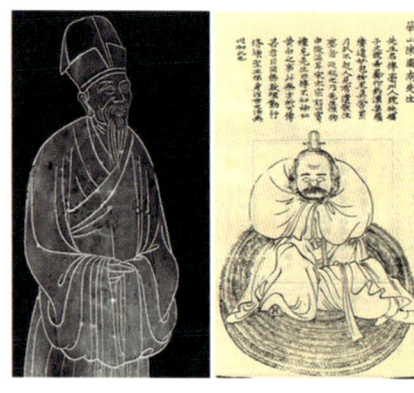

晏殊、范仲淹师徒共饮

晏殊、范仲淹二人经常徜徉在九酝美酒里。"一曲新词酒一杯，去年天气旧亭台。夕阳西下几时回"，是著名词人晏殊的代表作。据说，晏殊一生喜酒，其词作几乎都要提到酒。"绿酒初尝人易醉，一枕小窗浓睡""一霎好风生翠幕，几回疏雨滴圆荷，酒醒人散得愁多"，缕缕醉意尽显其中。其实，晏殊得知亳地美酒，还是因为其门生范仲淹岁奉美酒。晏殊品后念念不忘，以至于在遭贬时还自求赴亳地任职，只是为了可以在亳地近水楼台先得"酒"。至今亳州还有很多关于他的传说，如晏殊题画、晏太爷捉妖等。他还在同僚和门生中广为推崇亳地美酒，让亳地美酒声名大振。

晏殊的门下弟子——北宋著名政治家、文学家范仲淹曾在亳州任节度推官。他性纯至孝，在亳期间每逢春节均捎减酒奉母及师友。后来，他把母亲接来亳地赡养后，惯例仍旧没改。

醉翁欧阳修

欧阳修一生爱酒,自号"醉翁",他的诗文中亦有不少关于酒的描写。仕亳之时,曾作《答子履学士见寄》一诗:"颍亳相望乐未央,吾州乃得治仙乡。梦回枕上黄粱熟,身在壶中白日长。每恨老年才已尽,怕逢诗敌力难当。知君欲别西湖去,乞我桥南菡萏香。"再如《戏书示黎教授》一诗云:"古郡谁云亳陋邦,我来仍值岁丰穰。乌衔枣实园林熟,蜂采桧花村落香。世治人方安垅亩,兴阑吾欲反耕桑。若无颍水肥鱼蟹,终老仙乡作醉乡。"表达了欧阳修爱酒好文,随遇而安的精神。再如《和中丞晏尚书忆谯涡二首》:"春波漫处寻他浦,晚潦清时觅故洲。使舸忽归心赏罢,后来风浪但惊鸥。"(《欧阳文忠公集》)欧阳修曾与晏殊一同在涡河游览,并饮酒欢会。欧阳修还在家书中提到,"喫亳酒更不及"(《欧阳文忠公集·书简卷第十》),饮用亳酒茶饼足矣,不需要家中再托人捎带,事亦载于《欧阳文忠公集》。欧阳修作有《亳州谢上表》《亳州乞致仕第一表》和《亳州到任谢两府书》,欧阳修为亳州仙乡美酒所动,祈求在亳州致仕。后来要告别亳州时,他怕送别的吏民伤心过度,写诗安慰他们说:"我亦只如常日醉,莫教弦管作离声。"仍是不改诗人爱酒的乐天本性。

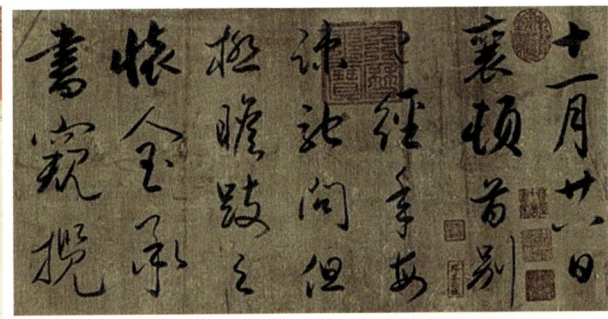

曾巩兴酒

南丰先生——唐宋八大家之一的曾巩曾在亳州任职,且颇有政声。他反对兼并政策,主张发展农业、手工业,使亳州人安居乐业。他广开言路,厚爱亳地,留下了《雪亳州》《山槛小饮》等诗篇。他在任期间,亳州酒业得到了长足发展,酒税达到了每年10万贯。

第二篇　行为篇

晁补之述酒

一句"白黍堪作酒,瓠大枣红皴"形象地反映了亳地的酿酒习俗及风土人情,它源自北宋"苏门四学士"中的晁补之所作《豆叶黄》。晁补之曾于1094年任亳州通判,某日在巡亳州西北减家店民情时饮到美酒,遂写下自己的所见所感。

陈师道征酒课

据资料记载,时任亳州司户参军的北宋诗人陈师道为"苏门六君子"之一,任职时常到当地酒坊征酒课,特别喜欢减家店所产美酒,这在他的《谢人寄酒》《寄亳州何郎中》《送李奉议亳州判官》等作品中均有反映。

李绅悯农惜粮

"谁知盘中餐,粒粒皆辛苦"。身为亳州人的李绅一生爱酒、惜粮,回乡时一改过去用白黍为酿酒原料的做法,用其他非主粮代替,不仅节省了粮食,而且还增加了酒的品类,可谓一举两得。

宋应星知亳爱酒

科学家宋应星是明朝末年最后一任亳州知州。来亳后,他兴建书院,恢复商贾,推广农业和手工业生产技术,做了不少有益于人民的好事。在他的《天工开物》第十七卷《曲蘖》里,翔实记述了酒母、药用神曲及丹曲(红曲)制造技术。因为宋应星喜爱减酒,他就以亳州当时的减酒制作工艺为原型,介绍了制酒工艺,并配图解说。

陈登科独钟古井贡

现代文学大师陈登科1959年下放到亳县张集公社,任公社书记。他深爱古井酒,因古井酒厂坐落于张集公社,他多次到古井指导工作,并在此创作了被江青批为"毒草"的《风雷》。他专门为古井写的《酒香千年》,则表达了他离开亳州30年后依然对古井贡酒情有独钟。

许世友"三不喝"

20世纪60年代,时任安徽省委书记的曾希圣把古井贡酒送给南京军区司令员许世友,这位曾对茅台酒情有独钟的将军从此就爱上了古井贡酒。以至于后来形成他的"三不喝":没有古井贡酒或茅台酒不喝;没有野味不喝;没有辣椒不喝。

香倾"万里"

1977至1981年，万里同志任安徽省委第一书记。时逢安徽百年大旱，他领导全省农民抗旱救灾，将旱灾损失程度减到最小。同时他以改革者的睿智和胆略，在凤阳县小岗村领导施行联产计酬和农田责任制（后发展为包产到户），当年即获得粮食丰收。百姓为此高唱"要吃米，找万里"。在安徽期间，万里同志时常饮用古井贡酒，后来调到中央工作，依然饮用古井贡酒，并多次夸赞古井贡酒是好酒。

杨得志亲笔题词

杨得志将军对古井贡酒偏爱有加，生前曾专程来过古井。1987年5月，他品尝古井贡酒之后，乘兴题词"古井自古有名，贡酒应贡人民"。

耿飚寄语古井

曾任国务院副总理、国防部长、第十一届中央政治局委员的耿飚在1987年应邀参加古井酒厂在京举办的活动时，对当时古井酒厂的负责人提出殷切期望："古井贡酒是好牌子，是金牌子，一定要把酒做好！"会后，他特意让其秘书送来祝福古井的对联一副："九酝春酒源远流长，古井贡酒世代飘香。"

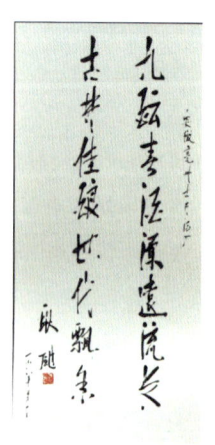

聂卫平"喝酒古井贡"

棋圣聂卫平于1995年与古井贡结下不解之缘,"下棋做棋圣,喝酒古井贡"成为家喻户晓的广告语。2012年5月29日,在"古井贡酒·年份原浆"冠名的中韩围棋名人友谊赛上,聂卫平再次现身,他希望古井贡酒及中国围棋发扬国粹风范,借助韩国丽水世博会平台走向世界,影响世界。

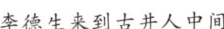

乔石冒着严寒视察古井

1991年12月16日,时任中共中央政治局常委、中央纪委书记乔石同志到古井视察。乔石一行参观了酿酒车间和古井园,对古井贡酒的品质赞赏有加。他的到来,让寒冬中的古井人倍感温暖。

李德生来到古井人中间

1992年10月24日,中顾委原常委李德生同志来到古井视察。在包装二车间门口,他和前来欢迎的工人一一握手,并站在他们中间让摄影师拍照留念。

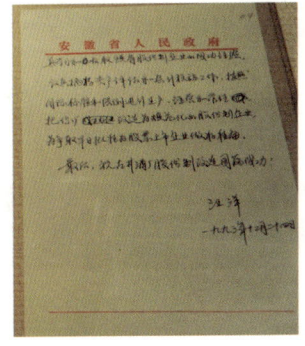

汪洋亲笔致函古井酒厂

1993年,古井酒厂面临股份制改革,时任安徽省常务副省长的汪洋非常关心古井的发展,百忙中亲笔致函古井酒厂。在信函中,他鼓励酒厂要改造成为规范化的股份制企业,争取早日成为上市公司。1996年古井贡股票上市后,他还多次来到古井调研。

江泽民夸赞古井贡酒

"古井贡酒很有名气",这是江泽民同志在 1994 年 4 月 26 日安徽省经济成果展的古井展厅里给予的夸赞,当时他还仔细询问了古井贡酒的度数及出口创汇的情况。一同到场的乔石、李瑞环、李岚清等党和国家领导人也分别给予高度评价。

温家宝参观古井酒文化博物馆

1999 年 8 月 9 日,温家宝同志冒着酷暑深入安徽亳州考察农业情况,在时任安徽省委书记回良玉的陪同下,温总理兴致勃勃地参观了古井酒文化博物馆,对于这座"华夏白酒第一馆"给予了高度评价。

俞正声赞许古井贡

2010 年 6 月 22 日晚,在上海世博会安徽周开幕式前夕,上海市委、市政府在上海大厦设宴招待安徽省委、省政府。时任古井贡酒股份公司总经理梁金辉向中央政治局委员、上海市委书记俞正声介绍古井贡酒。

习近平主席接见古井人

2012年2月,时任国家副主席习近平在访美期间亲切接见古井贡酒股份公司总经理梁金辉。

王岐山肯定古井贡酒"全球巡礼"

2012年6月28日,韩国丽水世博会中国国家馆开幕。时任国务院副总理王岐山出席中国国家馆日官方仪式,听取古井贡酒股份公司总经理梁金辉的汇报。

通过先贤名人的见证,我们能够看到一种美酒和一群历史追随者的不朽传奇,领略"中华第一贡"在风云际会中留下的斑驳色彩,感受中华酒文化穿透岁月变幻的无限魅力。

二、酒中乾坤

1. 土肥水厚

古井贡酒原产地域范围位于涡河之湾、小洪河的河套。2003年,国家质量监督检验总局批准古井贡酒为原产地域产品,保护区域为亳州市谯城区古井镇中心,区域总面积11.6平方公里。此区域地处暖温带半湿润季风气候区,四季分明,光照充足,气候温和,雨量适中,光、热、水组合条件较好,年平均气温15.6℃。优越的地理环境、温暖湿润的气候,为微生物的生长繁殖提供了极为有利的条件。

在千年古井水系的作用下,加上长期驯化,酿酒有益微生物的生长繁殖特别强,这些微生物中包括空气及池底泥中经分离鉴定确认其独特的哑铃状芽孢杆菌。这种哑铃状芽孢杆菌在代谢过程中,不仅产生大量的己酸乙酯,同时还产生一系列中间代谢产物——不饱和脂肪酸和多元醇,正是这些特殊成分赋予了古井镇古井贡酒窖香幽雅、醇香幽兰、甘美醇和、回味悠长之独特风格。

2.十大烈酒产区

2017年11月19日,作为上海国际酒交会的一项重要活动,"世界名酒价值论坛"颁布了世界烈酒十大产区名录。古井贡酒所在产地中国亳州榜上有名。此次评选,评委会围绕以"产量、产值、酿酒原料、酿酒生态、质量管理及标准水平、酿酒科技水平、非物质文化遗产、酿酒历史、酿酒文化、品牌影响力"为核心的十个著名烈酒产区评选标准,对申报参与"世界十大烈酒产区"评选的全球20多个酒类产区进行了系统、全面、严格的评选,并依据相关评选标准,将得分前十名的产区评为"世界十大烈酒产区"。

亳州地处华北平原,暖温带半湿润气候区,位于东经115°53′~116°49′、北纬32°51′~35°05′,是世界著名产酒地带。亳州是中国酒文化最早的发源地之一。5000多年来,亳州地区留下了大量的酿酒文物,其中古井贡酒酿造遗址最为有名。

3.徽酒名镇

南北朝时期,梁将元树打败魏将独孤信后,魏帅樊子鹄增兵包围了谯城。元树提出愿让出以前占有的土地换取解围。樊子鹄假装同意,就在元树出城一半时,突然进行袭击,俘虏了元树,后元树在魏地企图逃跑,被杀。元树曾被封为咸阳王,死后葬于此,称之为"咸王冢",后讹传为"减王冢"。又因此地处于南北要道,为一大驿站,客店林立,亦称"减家店"。冢有坟墓之意,因避讳,后称"减店"。这就是古井镇的前身。

1987年因为古井贡酒盛名远播,原减店集更名为"古井镇",2007 年先后被命名为"安徽省产业集群专业镇""徽酒名镇"。

4.好水出美酒

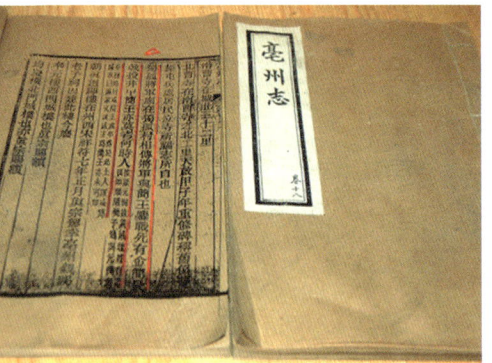

"夹河套里出好酒",在古井镇周边,从古至今一直流传着这样一句民谣。

在古井镇南两公里范围内,分别有四条沟河由西北流向东南,在距离古井东南约两公里处,四条沟河汇聚于小洪河(又称古泓河或泓水)。而古井镇正好处在一个洪河湾里。如果以古井镇为圆心,以其西北和东南为半径,恰好是由四条沟河组成的一个扇面,而古井恰处于这扇把的轴心。若高空俯视,四条沟河俨然四条蜿蜒欲飞的长龙。据了解,这四条大小不等的沟河均是历史上黄河改道自然形成的,以小洪河为主流,其余为支流。小洪河流域布满了芦苇,深秋时节,远远望去,像酒在河流间的一片片轻柔的白云。那长长的岸线上,呈现出一条条白色的玉带,随风摇曳。一群群水鸟从它的头顶叽叽喳喳盘旋掠过。一片片芦絮尽情飞扬,如同天女散花,宛若江

南水乡。历史上这些大小不等的沟河常年流水不息。正是因为水美物丰,所以这里历代均为兵家必争之地,春秋时期著名的"泓水之战"即发生于此。

5.千年魏井

相传早在东汉时期,曹操曾经在古井屯田练兵,苦于缺水,其女曹节献桔槔之计凿井汲水。曹节后多有懿行,并成为汉献帝的皇后,后人尊称其为"泉神娘娘"。梁武帝中大通四年(532年),高欢派遣樊子鹄攻谯城,与梁将元树在此地进行了多次拉锯战。樊子鹄手下大将独孤信六战而败,愤然将其武器金铜长戟投于战场旁边的一口井中。

北京地质研究院对古井水质进行了化验,得出的数据是:酸碱度7.7,硬度12.16,总碱度15.14,氯根58,并且含有锶、碘、锗、锌等20多种矿物质,是绝对的优质天然矿泉水,用来酿酒尤佳。

魏井有四绝:一是千年古井,历史悠久;二是水质甘洌,属优质矿泉水;三是有史以来从来没有干涸过;四是井上有启功、沈鹏、赵朴初、溥杰、王蒙等名人题写的井亭名。魏井故而被誉为"中国第一井""华夏第一井""天下名井"。围绕着古井和古井亭的

是古井园。园中有一棵百年老槐树。古槐、古井、蓝天、白云,正是这四个元素组成了"古井贡"商标。

6.地下宋井

原减店集的百姓口中一直流传着一个传说,除了那口北魏古井以外,还有一口古井,那口古井上面盖着红石板,红石板不能打开,打开以后会红透半边天。时光流逝,1987年,按照一位农民的指引,古井酒厂曾经试探性地打过几个探洞,然而没有找到这口井。1992年10月,古井兴建文体馆,挖掘机在距地面近5米处挖到了一口砖砌的井,上面还盖着一块红石板。经过文物部门鉴定,此井为宋代井,距今约有1000年。

宋井为何会在地下呢?史料记载,南宋嘉熙四年(1240年),黄河发了一次特大洪水,夺淮入海。当时的人们为了躲避水灾,可能在临走前用了当时农村用的石磨或碾盘之类的石板盖在井口上。后来又经多次泛滥,淤积造成地面抬升,井体下沉,终于形成了地下井,千年后方重见天日。

宋井的水质经鉴定同魏井一样,也是偏碱性的水,富含锶、碘、钾等对人体有益

的矿物质,非常适宜饮用和酿酒。2002年5月,司马义·艾买提同志来到古井,亲口品尝了宋井水,称赞这是"神水"。

7.国家地理标志产品

地理标志产品,是指产自特定地域,所具有的质量、声誉或其他特性本质上取决于该产地的自然因素和人文因素,经审核批准以地理名称进行命名的产品。

地理标志产品保护制度,是国际互认的知识产权和国际品牌保护制度,一直以来被誉为国际市场的"绿色通行证"。古井贡酒以其独特的风味特点被纳入了中国地理标志保护产品名录。

纯粮固态发酵白酒标志

三、长寿之乡

1. 物阜民丰，宜业宜居

亳州市谯城区地处北温带南部，属暖温带半湿润季风气候区，气候湿润，雨量适中，季风明显，日照充足，为农业生产和商业活动提供了适宜的自然环境。早在5000年前，生活在亳州土地上的华夏先民已跨进文明社会的门槛。亳州北接黄河，南襟江淮，一条大河贯通黄淮，沿涡河数百里一马平川，土地肥沃，平畴丰饶，是农耕文明的最好平台。

亳州也是全国优质农副产品生产基地，是国家重要的商品粮、商品棉、商品用材林基地，也是皖北最大的蔬菜生产基地，拥有国家级蔬菜批发市场。

亳州是一座具有3700多年悠久历史的国家级历史文化名城及首批中国优秀旅游城市，这片蕴才积盛之地，历史悠久，文化厚重，是华夏古文化的发祥地之一，以"三朝古都"名扬海内外。在悠久的历史长河中，亳州涌现出无数灿若星辰的风流人物、英雄豪杰和文人墨客，载入中国《历史名人大辞典》的就有近百人，包括商汤、老子、庄子、三曹、华佗、李绅、陈抟、鲁宗道、薛蕙和梁巘等。众多的名人、灿烂的文化，给古都谯城留下了许多珍贵的名胜古迹，有国家和省级重点文物保护单位10处，市级文物保护单位36处，一般文物古迹150处。如亳州古地道、花戏楼、曹操家族墓群、华祖庵等历史古迹。2011年，亳州市谯城区被授予"长寿之乡"称号。

2.中华药都,养生仙乡

亳州自古就是商埠重镇和物资集散地,是久负盛名的药都。自东汉以来就广为种植药材,《中华药典》上冠以"亳"字的就有亳芍、亳菊、亳桑皮、亳花粉,全区中药材种植面积达75万亩,171科400多个品种。现有全国规模最大、档次最高、药品质量最优的中药材专业市场,药材日上市量6000多吨,品种2600多种,年销售额超600亿元,位居全国四大药都之首。

谯城自古以来就有"仙乡"之美誉,孕育了以老子、陈抟为代表的道家先哲。这些被民间传为"神仙"的道家名人,一方面身体力行,体验养生效果,一方面著书立说阐述养生思想,对后世影响极大。"天人合一""清静无为"的道家思想,可以使人的心灵悄然净化,释放思想重负。作为道源圣地,以老子《道德经》为代表的充满道家智慧的养生法门和以华佗"五禽戏"为代表的运动休闲养生术至今依然在本地民间广为流传。

健康养生已成为亳州人的一种生活方式。谯城是中华武术之乡,全民体育活动广泛开展,体育设施和健身人群遍布城乡,踩高跷、打腰鼓、玩魔术、耍杂技、打太极拳、练"五禽戏"、舞刀、耍剑、做健美操等民间体育运动深入人心。

厚重的养生文化、悠久的中医药传统、有效的健身之法、食药膳、品药酒等,谯城的养生之道正通过现代传媒向社会普及。

3.药酒同源,酒介眉寿

千百年来,我国劳动人民就一直有用酒来解疲劳、提精神、祛寒镇痛、强身健体的传统。战国《黄帝内经·素问》载:"酒类,用以治病。"东汉班固《汉书·食货志》称酒为"百药之长"。东晋张湛《养生要集》曰:"节其分剂而饮之,宣和百脉,消邪却冷。"唐代"药王"孙思邈对酒有"少饮,和血益气,壮身御寒,避邪延秽"和"作酒服,佳于丸散,善而易服,流行迅速"之说。唐代陈藏器《本草拾遗》评价酒能"通血脉,厚肠道,润皮肤,散湿气,消爱息怒,宣言畅意"。明朝李时珍《本草纲目》有多处关于酒的效用的记载,如"面曲之酒,少饮则和血行气,壮神御寒""适量饮酒可消冷积寒气,燥湿痰,开郁结,止水泄,治霍乱疟疾噎膈,心腹冷痛,杀虫辟瘴,利小便,坚大便""烧酒,其味辛泄,升阳发热,其性燥热,胜湿祛寒,故能佛郁而消沉积,通膈噎而散痰饮,治泄疟而止冷痛也"等。清朝王士雄《随息居饮食谱》有云:"消冷积,御风寒,辟阴湿之邪,解鱼腥之气。"

根据医学古籍记载:白酒,味甘、辛,性热。入心、脾经,具有畅通血脉、活血祛瘀、祛风散寒、消冷饮、除胃寒、健脾胃、矫味矫臭的功效,还能引药上行、助药力、行药势、振精神。人们对白酒医疗保健功效的认知,丰富了我国的酒文化,是我们祖先智慧的结晶。

生长于"酒乡药都"的亳州人对药酒同源的观点深信不疑,据调查,亳州地区百岁以上的老人人数在全国名列前茅,亳州因而位列"全国十大长寿之乡"。这些长寿老人都有一个共同的习惯,就是喜欢适量饮酒。

四、中华酒谷

中华酒谷,是古井文旅平台的经营定位。它以大中原酒谷文化旅游开发有限公司为主体,规划建设古井质量科技园、酒神广场、张集生态酿造基地、古井贡酒酿造遗址公园、乐酒家园、古井白酒文化小镇,精心打造中国白酒博物馆、中国白酒科普馆、黄鹤楼酒庄和黄鹤楼森林美酒小镇,落地中原乡土文化,弘扬中国酒文化,发展体验式消费和快乐游购服务。目前,项目已经成为4A级旅游景区,正在争创5A级景区。

古井白酒文化小镇项目涵盖了国家4A级景区古井酒文化博览园及数个国家重点保护文物,占地面积约3.5平方公里,计划总投资30亿元,涵盖酒类酿造、商贸会展、文化旅游、养生度假四个核心内容。

1.古井贡酒酿造遗址公园

古井贡酒生态酿造基地位于安徽省古井镇古井集团本部,占地面积117万平方米,依托闻名天下的古井贡酒及其衍生的文化为主要内容。具体景观40余处,包括"华夏白酒第一馆"中国白酒博物馆、"中国最古老的井"北魏古井、地下宋井、源自于明代正德十年(1515年)的公兴槽坊窖池群、用于每年祭祀曹操的酒神广场、地下万吨酒库、酿酒体验区与休闲区、古井贡名人馆、古井历史文献档案陈列馆、泉神纪念馆、古井酒庄等。其中有四处国家重点文物保护单位,即两口古井和明清窖池群、明清酿酒作坊遗址;一个国家非物质文化遗产保护项目,即源自曹操进献"九酝酒法"以来的古井贡酒酿造工艺。

中国白酒博物馆

中国白酒博物馆始建于1996年,馆厅以展示古井酒文化为主线,全面展示了中国酒文化的起源传承和发展,展区占地面积2万平方米,被誉为"华夏白酒第一博物馆"。

"国保"——古井贡酒酿造遗址

古井贡酒酿造遗址为国家级文物保护单位。其主体由明代酒窖池群、明清酿酒遗址以及魏井、宋井构成,是古井酒文化遗址的核心部分。

该遗址是一处较全面展现传统酿酒工艺流程的手工业设施遗址。遗址范围内的遗存包括明清窖池

122口及部分古井、炉灶、晾堂、蒸馏设施等酿酒设施及作坊遗址,出土百余件碗、盏、盘、杯、缸等生活用具,时间跨度自宋至今,再现了中国东部地区传统酿酒工艺全过程,体现了中原地区深厚的酿酒文化,是该区域传统酿酒技艺重要实物见证。

古井贡酒酿造遗址具有较高的历史与科研价值。该遗址分布面积总计340平方米,现仍为古井贡酒生产区。明代窖池一直沿用至今,是中国白酒酿造历史的"活化石"。

明清窖池群

古井镇在明朝时叫减店集,酒作坊林立,最出名的就是公兴槽坊。现在的古井白酒博物馆内有一块界砖,就是在这个窖池群重修的时候从地下挖出来的,上书"明正德十年 东北角界",可以充分地证明这个窖池群有500年的历史(明正德十

年即1515年)。池内被称为"软黄金"的老窖神泥,富含600多种有益微生物群。"百年老窖出好酒",古井贡酒四夺全国白酒评比金奖,此窖池群功不可没,被古井人尊称为"功勋池"。这也是中国目前为止连续使用时间最长的窖池群,属于国家重点文物保护单位。

明清酿酒作坊

2009年3月，古井集团在改造明代酒窖池群展示空间过程中，发现距明代酒窖池15米处，有早期酿酒遗迹及遗物，遂报告省文物行政管理部门。经安徽省文物考古研究所组织专业人员开展抢救性清理发掘，并经省文物局组织专家鉴定，认定此处为典型的明清酿酒遗址。遗址面积76平方米，由上至下，文化层堆积达六层。在第五、六层出土瓷碗、瓷碟、瓷盘、小口罐等器物为明中期器物；在三、四层出土的青花瓷碗、瓷盘、瓷碟等器物有明晚期特征；二层为晚清时代地层。自下而上，出土的相关器物表明，在古井明代酒窖池群范围内，从宋代以来就有先人酿酒活动存在。

唐代酿酒作坊

2010年4月，在明窖池群附近发现古代建筑遗迹，经国家文物局批准，省文物考古研究所对该地进行了探沟式发掘。

探沟分为四个部分，面积约40平方米，向下5米，地层自现代至唐代，出土大量酒器、陶瓷片、建筑用料、钱币、石碑、生活用具、酿酒器物等。根据发掘的实物和残留的遗迹，专家鉴定为唐代酿酒作坊遗址。

古井贡名人馆

展示了自196年至今，在亳州任职并与美酒结下不解之缘的名人，展现了古井贡酒源远流长的历史文化。

古井感恩馆

此馆主要展示的是历史发展长河中，为古井贡酒做出贡献的功勋人物，他们中有领导、普通员工及社会各界人士。

古井历史文献档案陈列馆

此馆共由第一展区建厂初期、第二展区成长壮大期、第三展区快速发展期和第四展区跨越式发展期构成。

泉神纪念馆

此馆是用来纪念凿井汲水的曹操之女曹节。曹节因献计凿井被后人尊为泉神娘娘。2016年，古井集团在其旧址复建了泉神纪念馆。

第二篇　行为篇

古井酒庄

古井酒庄位于古井贡酒酿造遗址公园内，以古井山庄为基础扩建而成，融徽派建筑风格和苏州园林风格于一体，亭台楼阁，一步一景，宛如画境。酒庄不仅有自己的历史文化底蕴，还以生产高质量的美酒为目标。古井酒庄酒是在具有500多年历史的明清窖池群中发酵而成，并在无极酒窖及古井酒庄中窖存，每年限量发售1.2万瓶，资源稀缺。

古井企业文化传播手册

2.张集生态酿造基地

1991年9月,古井贡酒张集酿造基地正式投入建设,1993年建设竣工。整个基地共有4个酿酒车间,1594条发酵池,是一座典型的绿色、生态、花园式酿酒基地,2008年对外开放。该区域中的万吨地下酒库是景区参观路线中的重要景点。

3.古井贡酒质量科技园

古井贡酒质量科技园占地面积约80万平方米,集"酒产业、酒文化、酒旅游、酒生态"四者的有机融合,强调和突出低碳环保的现代企业生产理念,风格上彰显了古井文化的凝实、厚重与大气,展现了古井人不断拼搏进取的现代企业精神风貌。整个厂区占地面积1200多亩,共分为六大区:主办公行政区、酿造生产区、勾兑储存区、灌装生产区、配套辅助区及生活区。景区景点有:仰望曹操把酒临风的酒神广场、触摸现代酒业科技的中国白酒科普馆、寻找美酒之源的酿酒和灌装生产线、探秘隐藏地下的"天下第一窖"无极酒窖、展示古井全部酒品系列的产品中心、全国首家党建企业文化馆。

古井酒神广场

古井酒神广场占地面积约 300 亩，包括曹操像、国学馆、游客服务中心、养生文化街、诗酒大道等景点。目前已经建成的是酒神主题雕塑广场，该广场占地约 75 亩。酒神主题雕塑总高 19.6 米，意在纪念 196 年曹操将家乡的美酒九酝春酒进献给汉献帝刘协，并由此开启了古井贡酒 1800 多年的进贡历史。

中国白酒科普馆

中国白酒科普馆集中展示了古井贡酒在技术研发方面的创新成绩，立足于普及中国白酒知识，让大众看到中国白酒的美，发现中国白酒的健康养生价值。

无极酒窖

无极酒窖总建筑面积5.19万平方米,共分三层,内设酒窖99座,特制陶坛储存总量19999只。酒窖常年处于16—26度之间的恒温状态,湿度在60—80之间。酒窖将悠久的古井酒文化与亳州独一无二的历史人文相结合,将"曹操运兵道""花戏楼"等文化元素完美融入其中,并吸收西方酒庄风格,可谓融汇古今、横贯中西、错落有致、高低呼应、左右通透、阴阳和中、独具一格,堪称"天下第一窖"。

古井党建企业文化馆

古井党建企业文化馆总建筑面积3700平方米,展厅面积2100平方米,共分为鸿鹄伟业、企业党建、企业文化、产品展示、未来展望等6大展区,为全国首家企业党建馆。展馆全面记录了古井集团党委及各级党组织的发展历程,展现古井集团多年来在加强党建工作中积累的经验和做法,以及古井集团在党建引领下形成独具特色的企业文化。

古井集团党委始终坚持"围绕运营抓党建,抓好党建促发展"的工作方针,紧扣"党建立企、党建兴企、党建稳企"工作宗旨,党建工作做到了"三贴近、三注重",注重发挥政治引领作用,以党建文化引领企业文化,以企业文化催生企业发展红色动力,

从而加快集团发展步伐。同时做到，抓教育培训，打造思想五星级；抓精益党建，打造管理五星级；抓比学赶帮，打造执行五星级；抓党风党纪，打造安全五星级；抓党建带群团，打造服务五星级。

产品展示中心

　　产品展示中心是集古井贡酒全系产品展示、品鉴、购物为一体的复合型场馆,中心共分三个功能区域,分别为展示区、品鉴区和购物区。

4. 黄鹤楼酒庄和黄鹤楼森林美酒小镇

黄鹤楼酒业拥有武汉、咸宁、随州三大生产基地。武汉厂区已经完成厂区改造，成为集餐饮、住宿、科普、旅游、体验为一体的现代化酒庄。

咸宁美酒森林小镇位于咸宁市经济开发区，处于"北纬30度世界名酒带"，占地近千亩，秉承原生态酿酒理念，采用位差自流技术，洞藏洞酿工艺，生产车间依山就势，在恒温恒湿的洞穴中酿出生机勃勃的好酒。在原有白酒酿造基础上，庄园还配备了白酒主题旅游、生态休闲度假等创新功能，洞穴式酿酒基地在全国范围内更是绝无仅有。

随州厂区是当地白酒行业的领头羊，也是随州市政府重点打造的支柱产业和品牌工程。

五、黄鹤楼酒历史文化

1.楚酒文化与黄鹤楼

春秋战国时期,楚国的酒文化十分发达,这从许多文献资料和出土文物中可以找到证明。湖北是楚文化的核心地带,在大量的古代遗址中出土了许多精美的酒器,其中尤以盘龙城商代遗址、曾侯乙墓春秋遗址为著名。楚人"好鬼重祀",酒在楚人的宗教祭祀活动中居于核心地位。大诗人屈原更是写下许多与酒有关的不朽诗篇,最多描写酒的是《招魂》。其中多处极力描写了楚国之酒的甘美。

黄鹤楼始建于223年,最初目的为军事用途。孙权为实现"以武治国而昌"("武昌"的名称由来于此),建楼以瞭望。后来,黄鹤楼逐渐演变为名胜景点,历代文人墨客到此游览,留下许多脍炙人口的诗篇。从历史来看,黄鹤楼从军事据点逐渐转变为湖北的文化名片。

2.辛氏沽酒

清代佛教著作《报应录》载:"辛氏昔沽酒为业,一先生来,魁伟褴褛,从容谓辛氏曰:许饮酒否?辛氏不敢辞,饮以巨杯。如此半岁,辛氏少无倦色。一日先生谓辛曰,多负酒债,无可酬汝。遂取小篮橘皮,画鹤于壁,乃为黄色,而坐者拍手吹之,黄鹤蹁

跹而舞,合律应节,故众人费钱观之。十年许,而辛氏累巨万,后先生飘然至,辛氏谢曰:愿为先生供给如意,先生笑曰:吾岂为此。忽取笛吹数弄,须臾白云自空下,画鹤飞来,先生前遂跨鹤乘云而去,于此辛氏建楼,名曰黄鹤。"

故事本意是讲酒店老板辛先生因为不嫌贫爱富,不以貌取人,而得到仙人帮助,意在劝导信众相信因果报应。但这则故事也说明了黄鹤楼与酒天然的机缘。

3.黄鹤楼酒与三国文化

黄鹤楼始建于东吴黄武二年(223年),最初目的为军事用途。黄鹤楼文化却不为东吴独有,魏蜀两国也在黄鹤楼留下了许多典故。

赤壁之战后,孙权在江夏筑土城,称为夏口。并在当地屯田驻军,以此控制荆州,监视魏蜀两国的活动。黄龙元年(229年)四月,孙权在武昌称帝。在此之前的十数年间,孙权本人亦常居留武汉地区。

《三国志·张昭传》载:"权于武昌,临钓台饮酒大醉,使人以水洒重臣。"留下了"孙权酒醉水淋群臣的典故",从侧面也说明了古代武汉地区酿酒业的发达。元杂剧中有《刘玄德醉走黄鹤楼》,讲述了刘备借助酒醉逃脱周瑜圈套的传说。

古井贡酒神曹操也曾经在黄鹤楼附近留下足迹。清叶奕苞《金石录》曾载,赤壁之战期间,曹操曾经在黄鹤楼附近刻写了"涌月台"三字,清代仍存有"涌月"二字,今已消失。曹操带来了九酝春酒,这是古井贡酒与黄鹤楼酒历史关联的开始。

4.老天成与大有庆槽坊

旧时汉口酿酒业非常发达,有大小槽坊百余家,全都集中于汉正街一带,汉正街也因此被称为"槽坊街"。《光绪武昌县志》云:"酒有谷酒,俗名烧酒。清辣,似汾酒而薄,或用大麦为之,皆用大甑置锡锅蒸取,气水可久藏。"据《汉阳县志》所载,宋代武汉酒税达到3万贯,说明酿酒业初具规模。因槽坊酿酒大多取深井之水,以陶缸发酵,清香淡雅,所以取名汉汾酒。这其中又以"大有庆"槽坊和"老天成"槽坊闻名。

传说早在1763年,酿酒师李大有在汉口关圣街酿酒,牌号"李大有"。当时汉正街附近有个药帮巷,云集了来自全国各地的药商,这其中也有来自安徽亳州的药材商人。药商势力庞大,并建立了同业行会"药王会",尊奉孙思邈和华佗。李大有建立槽坊便得到了药王会的资助。

老天成槽坊创于清光绪二十四年(1898年),创始人为刘峰青。传说主政湖北的晚清名臣张之洞曾将此酒进献给光绪帝。1927年,老天成酒在巴拿马万国博览会获奖。1929年,德泰源酒坊的汉汾酒在工商部中华国货展览会上获一等奖。1933年,洋商开办的康成造酒厂和协康汾酒厂被列为《近代中国实业通志》中的全国名酒厂。这些酒厂后来被合并成国营武汉酒厂。

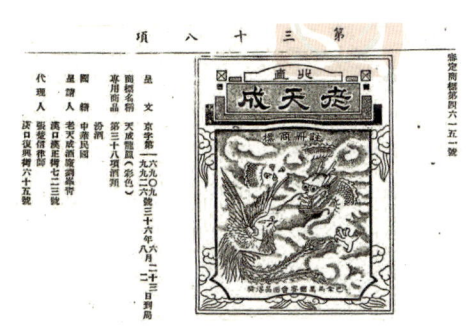

第二篇　行为篇

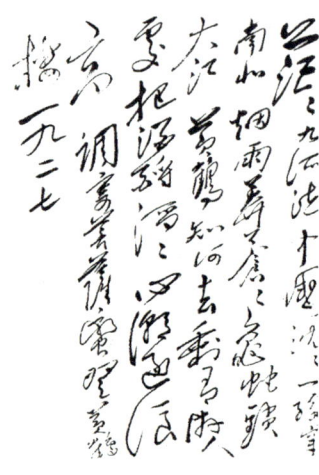

5.毛泽东赋诗黄鹤楼

1927年初,毛泽东登临黄鹤楼,饮酒赋诗,留下了《菩萨蛮·黄鹤楼》的名篇:

茫茫九派流中国,
沉沉一线穿南北。
烟雨莽苍苍,
龟蛇锁大江。

黄鹤知何去?
剩有游人处。
把酒酹滔滔,
心潮逐浪高!

6.黄鹤楼酒今昔

1953年3月14日,在老天成酒坊的基础上,合并"白康"和"同源"等汉汾酒槽坊成立武汉市国营武汉酒厂。

1952年,武汉酒厂开发了黄鹤楼牌汉汾酒。1963年,研制成功黄鹤楼牌特制汉汾酒。1984年,汉汾酒以古迹为名,更名为黄鹤楼酒。同年,武汉市国营武汉酒厂更名为武汉黄鹤楼酒厂。

1984、1989年,黄鹤楼酒两次在全国评酒会上荣获金奖,获评"中国名酒"称号。

2006年1月,黄鹤楼酒成为湖北省首个获得"纯粮固态发酵标志"使用资格的白酒品牌;2010年,黄鹤楼商标被认定为"武汉市著名商标""湖北省著名商标";2011年,黄鹤楼酒连续获得"湖北省名牌产品""中华老字号"等多项殊荣。

2016年4月,古井贡酒股份有限公司携手黄鹤楼酒业,黄鹤楼酒业的发展格局翻开了新的篇章。

六、古井酒道

酒道，其实就是演绎酒的意趣的统称。人们对酒的理解正如对人生快乐的理解一样各有不同，所以酒道也是不拘于形式。如曹操"对酒当歌，人生几何"、王羲之曲水流觞创作《兰亭集序》，均是借酒抒怀，留一世盛名。山野之士、普通百姓则是划拳行令，高喊低吼，老虎杠子、大压小，豪爽机智，享人生乐趣。

酒中乾坤大，壶中日月长。酒道讲究环境，清幽的、喧闹的、繁华的、冷清的，都可以成为酒道的烘托。与茶道相比，酒道很难用一句话、一个主义或一种精神来概括。酒道的精华就在于它的情绪化——或颠或狂，或歌或饮，荒郊野外，家宴酒楼，只要有三五好友、几粒花生米，便可享受饮酒的快乐。

1.秋季开酿仪式

每至秋高气爽的九月十九日，古井集团都要在古井酒神广场举行隆重的古井贡酒开酿暨公祭酒神仪式，以此表达对缔造"中华第一贡"曹操的祭奠与膜拜，同时也是表达古井人对历代酿酒先辈的崇敬与感恩。千百年来，古井大小酿酒作坊都会在这样一个收获季节举行开酿仪式祭祀酒神，祈求福祉，此仪式逐渐演变成一种酒俗和民俗。

具体程式为：

（1）祭礼就位

汉乐编钟结束后，司仪、执事先登台就位，然后司仪大声宣布"祭礼就位"。主陪祭人员统一着唐装（主祭黄色，陪祭红色），有序登场分两排在酒神前肃立就位，主祭（1人）站前排中

间,陪祭(2人)在前排主祭两侧,后排陪祭(6人)依次一字排开。

(2)击鼓九通,鸣金九响

司仪宣布"击鼓九通,鸣金九响",舞台侧击鼓九声,敲锣九响。司仪宣布"恭请酒神曹公"。

(3)诵读祭文

礼官唱道"恭读祭文",由司祝来读祭文《酒神赋》。

(4)施礼祭拜

祭拜时候,左手叠在右手上行拜礼。

初献——礼官唱"行初献礼"。右执事点香递与主祭官,主祭官举与眉齐,拜三下,递与左执事,左执事需与眉齐,插于香炉,香一字排开。随后,陪祭、参祭一同行三稽首礼。礼官唱"初献礼毕,复位"。(注:这里用的稽首礼是站立稽首。)

亚献——礼官唱"行亚献礼",向酒神敬酒。右执事倒酒,递给主祭,主祭将酒洒在地上,空杯递给左执事,其他陪祭人员站立原位。礼官唱"亚献礼毕,复位"。

终献——礼官唱"行终献礼",行三鞠躬礼。主祭人、陪祭人、参祭人在礼官的引导下,向酒神曹操行三鞠躬礼。礼官唱"终献礼毕,复位",祭祀人员回到台下。

(5)乐舞告祭

司仪宣布"乐舞告祭"之后,退至舞台一侧。表演符合曹操身份的八佾舞、酒神舞和其他乐舞。

(6)恭诵《九酝酒法》

乐舞告祭后,礼官和司祝留下,礼官进行环节引导,在礼官唱"诵《九酝酒法》"后,司祝开始带领方阵朗诵酒法。

(7)开酿助祭

将魏井无极水、五谷等古井贡酒投放入酒樽之中,同时释放彩虹焰火。

(8)恭送酒神

司仪宣布礼毕,参与人员有秩序退场。

每年春季,古井集团还会举行春酿仪式,以表达古井人对丰收的祈望与祝福,对酒神的高度敬仰,对工艺的高度敬畏,对品质的极致追求。

每年春意盎然、桃花盛开的季节,古井集团也要举行"桃花春曲节",向大众展示桃花春曲之美。节日期间有汉式婚礼、制曲酿酒工艺体验、美酒美食并飨的桃花盛宴以及放飞祈愿的风筝等丰富多采的活动。

2.古井酒道仪式

古井酒道仪式参考古代燕礼与乡饮酒礼设计而成,服装道具均模仿汉代,集中展现了古井人对于中国酒文化的理解和创新。酒道仪式分为"洗""祭""揖""饮爵"和"献爵"五部分。仪式庄重典雅,将博大精深的中国酒文化以表演的形式展示给普通大众。

酒道仪式步骤:

(1) 洗

音乐响起,两位主演自舞台的两侧入场,两人接近后,对揖三次。

① 正衣冠

司正叫场:"正衣冠"。两名服务人员抬出铜镜,表演正衣冠礼。司正、两名演员均先后至铜镜前,自首及下,做出检查头饰、服装和腰带的动作。

② 净手

司正叫场:"净手"。两名服务人员自舞台边捧出盛装清水的铜洗,一名服务人员捧出托盘,托盘上放两块红色帛巾。主客平揖,先后至铜洗前洗手,然后取帛巾擦拭。完毕,三名服务人员徐徐而退,退至舞台左边。(徐徐而退,古人在重大仪式中回归座位要小步向后退,退至本座前再转身,而不是直接转身,让臀部面朝对方,此为不雅。)

③ 焚香

司正叫场:"焚香"。两名服务人员自舞台两侧将事先引燃的香炉捧到舞台中央,展示给观众,然后放置在长桌儿的中心位置,徐徐而退。所焚之香宜采用没有刺激气味的幽香类型。

④ 洗爵

司正叫场:"洗爵"。一名服务人员自舞台左侧捧出铜洗,一名服务人员自舞台右侧捧出盛满清水的铜匜,一名服务人员自舞台左侧捧出摆有两只铜爵的托盘。主人向客人作拜,起身进行洗爵。洗爵时宜将铜匜洒水位置高于铜洗30厘米左右,让观众看到水流与洗爵的动作。完毕,三名服务人员自舞台左右徐徐而退。

(2) 祭

① 祭天地

司正叫场:"祭天地"。一名服务人员自右侧捧出酒坛,一名服务人员自左侧捧出装有两枚酒爵与铜勺的托盘,另一名扈从。三名服务人员在舞台中央表演开酒坛、舀酒、倒酒的动作。倒酒时,用酒勺在高于酒爵20厘米的位置倾倒，表现出酒的动感。捧酒的服务人员立定，继续展示古井贡酒产品。其余两名服务人员则将盛满酒的托盘捧至主演面前，两名主演起身作拜，然后分持一爵至台前俯身三揖（深揖）。然后，两名主演将酒轻轻地洒在地上，遵循三点一线的原则。（参考古代酹礼，在身体的左右中各倾酒一点，然后将剩余的酒液洒出一个半圆，三点一线示为"心"字，表示虔诚心献。）礼毕，演员各归其位。

②祭五谷

司正叫场："祭五谷"。两名服务人员自左侧捧出盛装五谷的五鼎。此五谷与通常的五谷不同，而是酿酒所用的五种粮食：高粱、大米、小麦、糯米与玉米。将五谷在长案几中央摆定，然后退回左侧。一名服务人员自右侧捧出酒坛，一名服务人员自左侧捧出装有两枚酒爵与铜勺的托盘，另一名扈从。三名服务人员在舞台中央表演开酒坛、舀酒、倒酒的动作。倒酒时，用酒勺在高于酒爵二十厘米的位置倾倒，如同上仪。捧酒的服务人员立定，继续展示古井贡酒产品。其余两名服务人员则将盛满酒的托盘捧至主演面前，两名主演起身作拜，然后分持一爵至五谷前俯身三揖（深揖）。最后，两名主演将酒轻轻地洒在地上，遵循三点一线的原则。礼毕，演员各归其位。

③祭酒神

司正叫场："祭酒神"。一名服务人员自右侧捧出酒坛，一名服务人员自左侧捧出装有两枚酒爵与铜勺的托盘，另一名扈从。三名服务人员在舞台中央表演开酒坛、舀酒、倒酒的动作。倒酒时，用酒勺在高于酒爵20厘米的位置倾倒，表现出酒的动感。捧酒的服务人员立定，继续展示古井贡酒产品。其余两名服务人员则将盛满酒的托盘捧至主演面前，两名主演起身作拜，然后分持一爵面对南方俯身三揖（深揖）。最后，两名主演将酒轻轻地洒在地上，遵循三点一线的原则。（在身体的左右中各倾撒一点，然后将剩余的酒液洒出一个半圆。）礼毕，演员各归其位。

(3)揖

司正叫场："揖"。两位主演起身作揖，其后两侧服务人员互相作揖（皆用平揖）。右侧两名服务人员将备好的酒爵捧到司正面前，一名服务人员与司正对揖（深揖），然后将酒递给司正。司正举起酒爵，掩面饮尽。然后捧出帛书，来到舞台中央。礼毕，演

员各归其位。

(4)饮爵

司正叫场:"饮爵"。一名服务人员自右侧捧出酒坛,一名服务人员自左侧捧出装有两枚酒爵与铜勺的托盘,另一名扈从。三名服务人员在舞台中央表演开酒坛、舀酒、倒酒的动作。倒酒时,用酒勺在高于酒爵20厘米的位置倾倒,如同上仪。捧酒的服务人员立定,继续展示古井贡酒产品。其余两名服务人员则将盛满酒的托盘捧至主演面前,两名主演起身作拜,受爵。

美酒的品鉴,既是一门技术,也是一门艺术。其要旨就是"观其色、闻其香、品其味"。该部分包含"观、嗅、啐、卒爵"。

①观

司正叫场:"观"。鉴赏古井贡酒之"色"——晶莹剔透,挂杯持久。古井贡酒晶莹剔透,色清如水晶,没有丝毫杂质,所以品鉴古井贡酒就要先从察颜观色做起。先用手举起酒爵,视线与酒爵平行,通过肉眼观其色调和透明度,见其透明清亮,光泽诱人。然后再将酒杯大幅回旋,观察其挂杯的情况,便可见酒液分布在杯壁周边,此所谓"魏武横槊"。

②嗅

司正叫场:"嗅"。鉴赏古井贡酒之"香"——幽雅陈香。闻香的原则是先慢吸,再快吸,最后深吸。在闻香时需要注意的是,执酒杯于鼻下二寸处,头略低,轻嗅其气

味,稍为休息后再做第二遍深度嗅闻,用心辨别气味。在闻的时候,要先呼气,后再对酒吸气,不能对酒呼气。最初不要摇杯,闻挥发性高的、轻的、舒适的幽雅协调的香气。然后再回旋酒杯,增加香气的蒸发面,再细闻辨别香气的醇和度、协调性。最后轻轻摇动酒杯,仔细甄别空气进入酒杯振荡后的香气,此所谓"魏武分香"。

(5)献爵

司正叫场:"献爵"。两名主演起身分别退往左右两侧,一名服务人员自右侧捧出酒坛,一名服务人员自左侧捧出装有铜勺的托盘,另外三名女演员分别捧出装有四只酒爵(或耳杯)的托盘。此处应注意场合,根据观众的多少决定捧出的酒器数量。具体分析如下:

①上级单位来访:一名演员捧斝,斝酒供最重要的客人使用,以帝王之礼待之。一名演员捧若干爵,供其他来访客人使用,以上宾之礼待之。一名演员捧角,供本公司人员使用,以示谦逊。斟酒奉酒也按照这样的顺序。

②兄弟单位来访:三名演员均捧若干耳杯,供主宾使用。

在舞台中央表演舀酒、倒酒的动作。由于酒器增多,在倒酒时,用酒勺在高于酒爵20厘米的位置倾倒,如同上仪,此外用酒勺在酒器上做巡回状,保证每只酒器都倒出均匀的美酒,此所谓"魏武点兵"。捧酒的服务人员立定,继续展示古井贡酒产品。

司正叫场:"祈君幸甚,福寿康宁"。捧盘的三名演员则将盛满酒的托盘捧至主客面前,先献客人,再献主人,再献其他观众。

司正叫场:"无算爵"。即礼毕,大家自由饮酒。

仪式结束,演员有秩序退场,工作人员上前收拾器具。

3.古井酒礼

196年,曹操将家乡美酒九酝春酒和酿酒方法"九酝酒法"进献给汉献帝刘协。九酝春酒即为古井贡酒的前身,在唐、宋、元、明、清和新中国成立后,古井贡酒一直都是贡品和国宴用酒。

(1)尊座排次

宾客中最尊贵者面朝大门,居中而

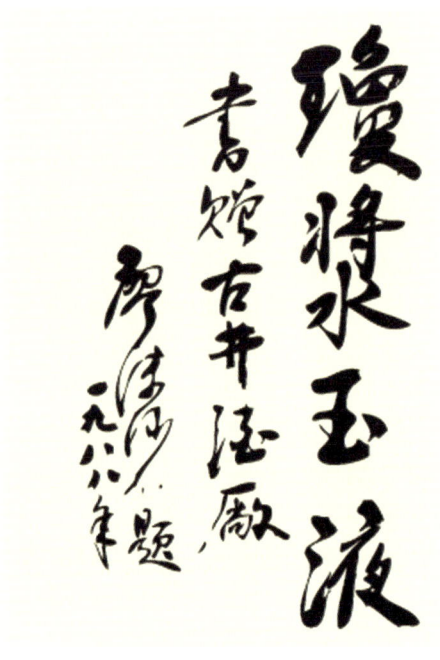

坐,主人方坐贵客左右邻座陪同,右手为上座,其他宾客和陪同人员依次相隔入席。

(2)礼法九步

①开席六六顺:主宾共饮六杯开席酒;

②第一次献酒:第一道贡菜青梅煮酒上桌,主人端铜爵向贵宾致祝词、敬酒,此为纪念曹操第一次进贡;

③宾客回敬:依好事成双之礼,回敬为两杯;

④第二次献酒:第二道贡菜古咸胡芹上桌,主人再向贵宾敬酒,此为纪念明代沈阁老进献家乡美酒减酒给万历皇帝,当时亳州有"胡芹减酒宴嘉宾"之说;

⑤宾客回敬答谢:依来而不往非礼也,回敬酒为两杯;

⑥第三次献酒:第三道贡菜宫廷银耳莲子羹上桌,主人第三次向贵宾敬酒,此为纪念清朝亳州人姜桂题将家乡美酒减酒进献给慈禧;

⑦主宾畅饮:依"一生二、二生三、三生无穷"之家乡人老庄大道,主宾畅饮宜用步步高升酒具,有来有往;

⑧第四次献酒:第四道贡菜清宫扣肉上桌,主人第四次向贵宾敬酒,此为纪念1987年古井贡酒被选为国庆国宴用酒;

⑨相煎太急,酒礼圆满。

(3)酒令三道

①"头三尾四":鱼头一对,大富大贵;两尾相对,和和美美;

②凡在献酒殿入席者,均应遵从喝酒礼法,每次敬酒,皆为"步步高升";

③凡违此令者,请人代为喝酒后,"展"("展"为表演节目之意,一首歌、一个笑话等皆可)立决!

(4)琼浆

古井贡酒·年份原浆是中国高端白酒的新标杆,广受社会赞誉,为接待贵宾的首选。

盛酒容器为仿制的古井白酒博物馆镇馆之宝储秀宫"豆青回纹大酒瓮"酒坛,用铜勺从酒坛内提取出酒倒入酒壶,再给主客斟酒。

(5)佳肴

①餐前点心:亳州马糊、古井桃花包、古井金条。

②凉菜十道(选):

五香黄牛肉、蒜汁粉皮、陈醋花生、农家蒸菜(时令)、杏仁黄花菜、变蛋豆腐、地锅豆皮、红油肚丝、卤水腰片、手撕卤鸡、五香熏鱼、油焖仔鸡、拌兔肉丝。

③热菜十九道(选):

青梅煮酒、沾汁豆腐、金镶玉、蛋焖粉皮、锅贴鸡、古咸胡芹、养生猪蹄煲、当归龙凤汤、鲍汁茶烧肉、本鸡茶树菇、宫廷银耳莲子羹、清蒸(红烧)鳜鱼、面煎时蔬、锦绣前程、御膳香酥鸡、铁板腰花、香芋龙珠、水晶虾仁、鱼香蔬菜饼、干锅鱼头、罗汉上素、青天白鹭、欢肉泼蛋、滋补三宝、清宫扣肉、野鸡蛋。

4."步步高升"酒具文化

2010年,古井集团发明了"步步高升"酒具,受到各界人士的喜爱与赞赏。"步步高升"酒具由分酒器和饮酒杯组成。分酒器和酒杯参考古代酒器"尊"和"觚"的形状,酒杯下的托盘灵感取自魏井的井台,寓意"饮水思源"。上酒盏为圆形,下酒杯为方形,寓意"天圆地方",正是中国文化的精妙之所在。

酒具小中大,从最小的一杯依次喝,叫一二三,此乃"一生三,三生万物,杯杯情深,万

事顺达"之意,共六杯,寓意着"步步高升"(从1到2到3)和"六六大顺"(1+2+3=6)。

同时"步步高升"酒具也可以倒过来,大中小,从最大的一杯依次喝,叫三二一,再喝一个从大到小,这也标志古井一路走来,不忘初心,感谢一路上帮助过古井的人。

最后把酒杯倒过来直接倾于头顶,又称"鸿运当头"。同时又寓意着满满一杯酒,一颗红心向北京,我们的幸福生活和美好事业,要感谢党和政府,感谢伟大的祖国。

5.喝着响,响着喝

《说文解字》云:"响,声也。从音,乡声。"繁体中"响"作"響",其上为"鄉"字,本意是主宾面对面饮酒用餐。从象形来看,乃是两个人面对面围绕着酒器饮酒。喝酒带响正是恢复了中国传统文化的不言之教,是中国酒神精神的回归。

喝酒带响还与亳州世代相传的道家养生术密切相关。陈抟"服气辟谷历二十余年,但日饮酒数杯。"(《宋史·陈抟传》) 在陈抟老祖提出的九转内丹功中,"人身为鼎炉",饮酒行气则是一种重要的修炼方法。通过吸吮将酒液引入咽喉,减少酒液在口腔中的损失与杂味的干扰,热气下入丹田,从而达成阴阳既济的状态。吸吮酒液的过程中会发出如击打鼎炉钟磬的声音。

喝酒带响不仅寓意对

客人的尊重和真诚,还代表着对古井贡酒品质的肯定和赞誉。喝酒时一旦发出清澈响声,说明美酒已经进入饮酒者的咽喉。如果假饮或少饮,则难以体现这种独特的韵律。

喝酒带响三部曲如下:

第一步——举杯齐眉:美酒注入酒杯后,举杯齐眉,观察酒液的透明度。"色清如水晶",状若璞玉、晶莹剔透的古井贡酒,让人不禁"想"着喝。此为一"响"(谐音)。

第二步——嗅闻酒香:微微低头,将酒杯举至鼻尖处。只能对着酒杯吸气,不能将体内的浊气呼出。其后便能感受到酒香扑鼻,"香纯似幽兰"的贡酒让人喝着"香"。此为二"响"(谐音)。

第三步——酒入丹田:嘴唇与酒杯似接未接之际,用力将酒吸入咽喉之中。这时需绷紧上下嘴唇,两唇之间只留一小口,将酒细细地吸入口中,自然地带入一些空气。空气、酒与嘴唇会产生摩擦,美妙的响声就是这样发出的。酒液下咽后,可以感受酒入丹田的舒适感。张口呼气,则能感受到古井贡酒"入口甘美醇和,回味经久不息"的独特风格,使人喝着"享"。此为三"响"(谐音)。

6.亳州酒俗

亳州人"不薄",自古热情好客,表现在酒风上尤甚。有朋自远方来,亳州人总以古井贡酒相待;若无酒,即使满桌山珍海味,也不足尽地主之谊。喝酒,则以是否尽兴为标准。客人喝得愈多、愈畅快,主人愈高兴;倘若客人未尽兴,主人便觉得对客人接待不周,挺丢面子的。友人互相往来,主人若不置酒,客人便会认为怠待自己,对主人

产生不好的看法。基于此,每有客人来,主人便想方设法让客人多饮酒。

亳州人劝酒,多行酒令,以"技"服人。流行的酒令很多,最常见的是划拳、棒打老虎鸡吃虫、猜有无等,其中尤以划拳最为流行。划拳看似简单,实际上暗含玄机,变幻无穷,有的以静待动,有的以动制静,有的动中含静,有的静中有动。划拳技艺的高低主要取决于一个人的应变能力,可谓小酒令见大乾坤。家有家法,酒有酒规,亳州酒风如火,只有亲身体验者才能得其详。

7.酒中真人,饮之君子

亳州先贤庄子云:"饮酒以乐,不选其具。"饮酒的目的就是使人欢乐,酒具陈设怎么样都无所谓,人应当保持自己天赋纯真的本性,不为世俗所拘束。"夫醉者坠车,虽疾不死"。人们在醉酒之后,精神无限集中,生死荣辱等所有世俗的烦累都不能进入精神之中,即使遇到危险也不会惧怕。古井集团以"做真人"作为核心价值观,主张饮酒应该放下彼此的隔阂,不必讲究太多繁文缛节,真喝酒,说真话,获得真正的快乐,做酒桌上的"真人"。

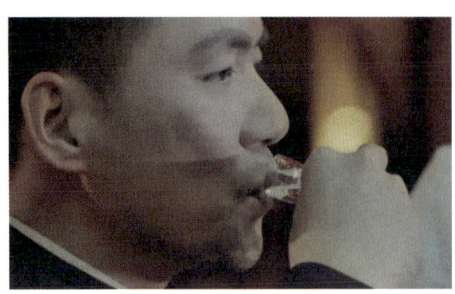

《礼记·礼运》云:"礼之初,始于饮食。"古人讲究礼治便是从饮酒吃饭开始。在祭祀、迎宾、会盟、婚丧等活动中均有相应的饮酒礼仪。孔子曰:"惟酒无量,不及乱。"古井集团"善其身"的核心价值观秉承了中国传统哲学的训诫,主张饮酒是人生的必需,但要遵守礼仪,孝敬长者,做"饮君子",从而实现物我和谐、社会和谐。

8.酒之意趣

酒,源于自然。初为天酿,后为人工。凡先祖数易其法,技艺精纯,法天地自然,集五谷精华,天蕴地蓄,遂为琼浆玉液。

中华白酒酿造史煜煜煌煌,史界新证已历时9000载,其品种悠远锦簇,浓酱清米,醇甜清爽,或牡丹国香,或幽兰芬芳,和合鼎鼐,如诗如画。一部中华白酒史,就是一部中国工业发轫、成熟之长卷。

白酒其形似水,其性如火,凡阴阳两界,纳金木水火土,天地人化为一体,释、道、儒集于一身。祭天敬神,国事大典,五谷祈禳,皆以酒为礼、为旨、为敬;壮士出征,两军对垒,德师夺胜,无不以酒壮其行、威其势、庆其功;文人雅士、达官庶民、仙人凡界,均把杯飞觞、汪洋恣肆、醉美人生。一杯白酒,尽现中华文化之博大雍容。

酒从天以降，便与政与道与情及世间诸端融结一体。纣王以酒失商，曹操禁之倡之，宋祖杯酒释兵权，李白斗酒百篇，宋江痛饮江湖，酒亦酒，酒亦非酒，酒事国殇。

凡饮者，关乎性情，重礼求雅。自古至今，或三叩九拜，或举目相敬，或流觞赋诗，或掷彀唱艳，无不之趣之雅之礼之节。酒道流变，乃政风世俗、天地人心之见证。

9.酒文化与酒文学

2010年3月18日，古井集团牵头成立亳州市酒文化研究会，旨在凭借古井在亳州的影响和地位，来推动和加强以古井贡酒为龙头的亳州酒的研究，大力推动酒文化研究事业的发展，加强对外交流与合作。研究会创办了《白酒学刊》杂志，并组织开展了相关酒文化学术讨论会、报告会、经验交流会等活动，得到了业界高度评价。

同年4月26日，中国作家协会古井贡文学创作基地在古井酒文化博览园揭牌，这

是中国作协在全国企业设立的首家文学创作基地。数百位全国知名作家纷纷来到这里采风、品酒,追忆建安风骨,举办文学活动,留下了大量的墨宝和美文。2011年12月,中国文联副主席廖奔视察了创作基地,对基地活动的开展和古井传扬酒文化的工作给予充分肯定,并挥毫写下了"古井贡酒饮尽千古风流"的文字。

10.理性饮酒,健康饮酒

古语云:"无酒不成席,无酒不成礼,无酒不成欢。"外国人不了解中国酒文化,认为就是"干杯文化";国内部分人不了解酒文化,喜欢拼酒、斗酒。因此,导致真正的文化变了味,好的文明走了调。凡此种种,让一些公众对中国酒文化产生了偏见,也让为中国经济社会发展做出积极贡献的中国白酒行业遭遇许多负面评价。

因此,古井贡酒作为一家负责任的中国名酒企业、中国酒文化全球推广的先行者,谨向全社会发出健康饮酒倡议如下:

(1)做真人,酿美酒,重品质,为健康。

作为白酒生产企业,要老老实实做人、踏踏实实做事,严格遵循国家各类规章,产品质量"零缺陷",恪守标准"零容忍",以生产出最好的让消费者称道的产品为己任。同时要以不断提高酒体品质、提高消费者饮用感受为企业第一目标,充分利用现代科技,在保持白酒传统风味的基础上,为公众生产品质更加优良的酒,要让中国白酒不仅作为饮品和情感沟通媒介,更可以适量饮用,有益大众保健、养生。而作为消费者,为了自身健康,也要懂得辨别酒质的基本知识,了解健康饮酒知识,选择饮用有品牌、有品质保证的酒品,坚决抵制劣质酒和假酒。

(2)要养成良好的饮酒习惯与酒后行为,健康饮酒,文明饮酒,拒绝酒驾。

"酒之趣,在于雅",饮酒贵在有"度",量力而行,适可而止,尽兴而不失君子风度,否则,于人、于社会都十分有害。

(3)积极营造良好的健康饮酒氛围,促进中国优秀酒文化建设,善其身、济天下。

作为白酒生产企业要以弘扬优秀酒文化为己任,实现经济效益与社会效应并举,努力塑造一种高雅、节制、谐趣、有益身心的健康饮酒风气。要积极开展各种酒文化交流活动,普及推广中国白酒的科学知识,努力发掘和传播中国历代优秀的酒礼、酒仪、酒德、酒趣等,让产品成为文化的载体,让外国人感受到中国的文化与文明,让大众看到中国白酒的品性之美,为中国白酒正名!

第二章　中国最好的白酒

好酒是生产出来的。古井以"向生产要质量,向质量要口感,向口感要风格,向风格要不同"为生产理念,坚持质量第一,永立名酒之林。

古井集团始终秉持"大师智企""工匠精神",坚持传统工艺与现代管理相结合,以"八大工艺"与"六好操作"为指导,竭力把最好的美酒献给世人。

「古井贡酒」四字解读

古：古井贡酒源于东汉建安年间，曹操将家乡亳州产的"九酝春酒"（即古井贡酒源头）进献给汉献帝刘协，并上表说明酒的制法。企业的前身为起源于明代正德十年（1515年）的公兴槽坊，已有500多年的历史。公兴槽坊现存明清酿酒遗址和明清窖池群，系全国重点文物保护单位"古井贡酒酿造遗址"的重要组成部分。其中，明代窖池群是中国目前为止连续使用时间最长的窖池群。1959年，原公兴槽坊改制为安徽亳县古井酒厂。

井：古井集团位于亳州市古井镇，这里四季分明，光照充足，气候温和。古井集团一共有两口古井。一口是北魏古井，据传此井是以曹操次女曹节（后人尊称为泉神娘娘）想出的桔槔挖土方法所凿。据《亳州志》记载，532年，北魏独孤信将军和南梁将军元树六战于古亳州，独孤信战败，悲愤之下把武器投入井中，这口井就此成名。除了魏井之外，还有一口地下宋井。1992年，公司修建古井文体馆打地基时，在

地下 6 米处发现了这口井。通过出土的砖、瓷片、碗等断定为宋代井,距今千年。两口井的水至今仍然清澈甘洌,终年不竭,PH 值在 7.7,属于天然弱碱性水。良好的水质,是古井贡酒醉美飘香的"秘诀"。现在两口古井同为全国重点文物保护单位,它们和明清酿酒遗址、明清窖池群共同组成了古井贡酒酿造遗址。

贡:从曹操第一次献酒开始,古井贡酒历史上年年进贡,广受恩宠。史书中有明文记载的古井贡酒进贡事件还有夏侯道迁献酒、朱敬则献酒、鲁宗道献酒、沈鲤献酒和姜桂题献酒。这六次进贡在中国酒史上也是独一无二的,反映出古井贡酒深刻的文化内涵与中国传统文化连绵不绝的血脉亲缘。从贡献帝王到贡献人民,"贡"字已经融入企业精神之中,最终形成了以"中华第一贡"为旗帜、以"贡"字为核心、以"忠诚、贡献、共享"为特征的古井集团"贡献文化"。"贡献文化"是东方思想的总结和升华,同样也是一种责任感和使命感,是古典智慧与现代理性的完美结合。

酒:在继承传统的基础上,古井人根据现代人消费白酒口味的变化,不断改良创新,2008 年推出创新产品"古井贡酒·年份原浆"。业内专家认为,该产品是现代高科技与传统工艺的完美结合。古井贡酒·年份原浆在保证浓香纯正的基础上,避免了酒体的兼香混杂,酒体中的酸、酯、醇等各微量成分比例更加谐调,充分体现了"纯正原浆、岁月酿造"的工艺精髓,并代表了健康型白酒的发展趋势。目前,古井贡酒·年份原浆是古井集团当之无愧的核心产品。此外,古井贡酒产品还包括 37℃亳菊、淡雅系列、老名酒系列、定制酒系列、养生酒系列等。

大师精神的传承与创新

成为大师者,首先专业能力必须是一流的;二要有崇高的情怀,有理想,有抱负;三要有良好的心态,达到心静如水,物我两忘。古井集团大力培育"大师精神",从原粮进厂,到产品走向百姓的餐桌,无不体现着这一精神。

"大师精神"既是传承又是创新,如古井贡酒酿造技艺在核心环节中,仍然沿用传承千年的酿酒工艺,这种方式保证了古井贡酒基因的正宗性、纯正性。同时,古井也在实践中发掘传统并注入时代特性,创造发展独有的新技艺。

在千年的发展中,古井酿酒人总结了一套科学理论:该变通的一定变通,该守成的一定守成。就是这一原则,使得以"九酝酒法"为基础的古井贡酒酿造技艺成为当代中国最古老也最现代的国粹经典技艺。

主要生产工艺特点

古井贡酒秉持"向生产要质量,向质量要口感,向口感要风格,向风格要不同"的生产理念,在生产过程中坚持"六好操作"(即选好粮、酿好酒、摘好酒、储好酒、勾好酒、装好酒),其长盛不衰的秘诀就是继承并发扬了千年酿酒古法"九酝酒法",采用无极水,配以桃花曲,在明代窖池中发酵,然后经过择层取醅、择时摘酒等创新工艺得到原酒精华,再经过陈年窖藏,高科技淬炼,最终造就美誉天下的"中华第一贡"。

九酝酒法:中国有文字记载的最早、最完整的酿酒工艺,是国家非物质文化遗产。已申报联合国教科文组织非物质文化遗产。

千年魏井无极水:国家级重点保护文物——千年魏井。

中华名井之北魏古井,现为国家级重点文物保护单位。

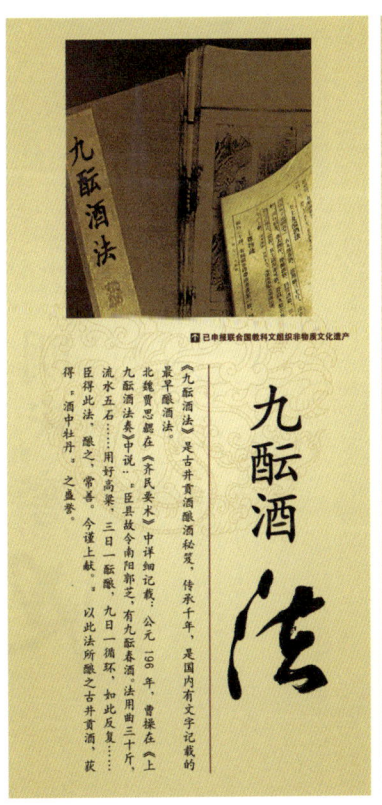

已申报联合国教科文组织非物质文化遗产

九酝酒法

《九酝酒法》是古井贡酒酿酒秘笈,传承千年,是国内有文字记载的最早酿酒法。北魏贾思勰在《齐民要术》中详细记载,公元196年,曹操在《上九酝酒法奏》中说:"臣县故令南阳郭芝,有九酝春酒。法用曲三十斤,流水五石……用好高粱,三日一酿,九日一循环,如此反复,酿之,常善,今谨上献。"以此法所酿之古井贡酒,获得臣得此法,酿之,之盛誉。酒中牡丹。

全国重点保护文物——千年魏井

无极之水

"水为酒之血"《九酝酒法》载:"无极水,取自井中三尺以下。性温、质清。"

位于古井集团厂区的千年古井,其含水层属于粉砂与粘土层,PH值均为7.7,锶、碘、溴、硅、钙等有益微量元素含量较高,水质清洌甘爽,酿造年份原装所用无极水,秉承古法,采自井下三尺,所得佳酿,芳香馥郁。

第二篇 行为篇 099

桃花春曲：千年曲根，代代薪火相传。

酿制古井贡酒·年份原浆所用的桃花春曲，被誉为酒曲皇冠。

明代窖池：国家重点保护文物——明代窖池群。

酿造古井贡酒·年份原浆所用的窖池多为明清以来持续沿用百年以上的老窖池。

千年曲根，代代薪火相传

桃花春曲

曲为酒之骨，好曲才能酿好酒。《九酝酒法》载："桃花开时制曲，花洞曲成，制酒，味幽香。"酿制古井贡酒·年份原浆所采用的桃花春曲，只在桃花盛开时制作，此时空气温湿，微生物活动旺盛，方可制作出最好的酒曲。此曲酿酒，保证酒体香似幽兰，芬芳不散，口感绵柔丰厚。

全国重点保护文物——明代窖池群

明代窖池

"千年老窖万年糟"，古井贡酒·年份原浆是在有500年历史的明代窖池、功勋池中发酵而成。古井贡酒老窖池窖池中含有大量古井神泥，有"软黄金"之称号。栖息有600多种有益微生物群，是中国白酒老窖池发酵泥池中，现代科技测试表明，发酵泥池中，检测分析数据报样板库之一。源源不息的系统性微生物生化过程，产生了以已酸乙酯为主体的几十种呈香呈味物质，保证了古井贡酒·年份原浆酒香之丰醇。

原浆精华：古井贡酒·年份原浆历经128道精严工序而成。

原酒窖藏：古井地下万吨级原酒窖藏库。

经双择工艺选出的精华原酒，以特制容器封藏，送入常年恒温恒湿的地下酒窖封藏多年。

古井贡酒万吨酒库

原酒窖藏

每瓶古井贡酒·年份原浆所采用的原酒都要经过择层取醅、择时摘酒的纯手工工艺，仅取其精华部分，送入常年温度保持在十一10℃的地下酒窖窖藏多年，再经国内顶级白酒大师精心调制，最终方成美仑美奂的年份原浆美酒。

地下酒窖温度、湿度恒定，原酒在窖藏过程中随着易挥发的乙醛、硫化物的挥发，将精华慢慢凝淀，使其酒体更加绵甜、柔顺。

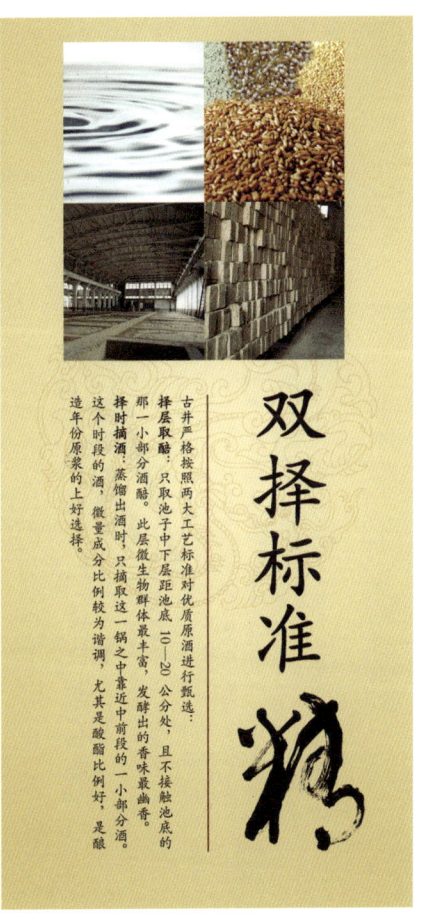

双择标准

古井严格按照两大工艺标准对优质原酒进行甄选：

择层取醅：只取池子中下层距池底10—20公分处，且不接触池底的那一小部分酒醅。此层微生物群体最丰富，发酵出的香味最幽香。

择时摘酒：蒸馏出酒时，只摘取这一锅之中靠近中前段的一小部分酒。这个时段的酒，微量成分比例较为谐调，尤其是酸酯比例好，是酿造年份原浆的上好选择。

第二篇　行为篇　　101

原生态美酒：古井贡酒·年份原浆的产地亳州，地处北纬 32°51′—35°05′，属世界黄金酿酒带。

千年酿酒古法的高科技创新传承：秉承千年酿酒古方，古井贡酒·年份原浆将现代高科技融于传统酿酒工艺之中。

以上工艺确保了古井贡酒"色清如水晶，香纯似幽兰，入口甘美醇和，回味经久不息"的独特风格。

原生态酿造环境

古井酒文化博览园成为全国白酒业首家AAAA级工业旅游景区

古井贡酒·年份原浆的产地亳州，属于暖温带半湿润气候，季风明显，气候温和，阳光充足，雨量适中，相比其他地区域，这里的气候和产出的粮食作物，更适合酿酒。从古至今，以传统农业为主的产业格局，使得古井酒厂周边始终保持原生态、无污染的天然环境。

2003年，古井贡酒被国家质检总局认定为原产地域保护产品，2008年，古井贡酒文化博览园所属的古井酒文化博览园获批国家AAAA级旅游景区。

高科技与传统工艺完美结合

开创中国白酒酿造史上的里程碑

现代高科技检测控制技术与传统工艺完美结合，通过技术创新酿造的古井贡酒·年份原浆，在保证浓香纯正的基础上，避免了酒体的兼香混杂，酒体中大分子杂质选选低于国内其他名优白酒，其酒体中的酸、酯、醇等各微量成份比例更加谐调，完美体现了"纯正原浆、手工酿造"的工艺精髓，代表了中国健康型白酒的发展趋势。

专家评价：古井贡原浆为中国健康型白酒混乱的年份酒市场正了名，树立了行业新标杆，开创了中国年份白酒的新纪元，堪称中国白酒原浆级年份酒的典范！

千年古井贡酒酿造技艺

千年古井贡酒传统酿制技艺为国家非物质文化遗产。古井贡酒酿制工艺的特点如下：

一、采用固态双边发酵、混蒸混烧、续糟配料、甑桶蒸馏等传统操作方法，母糟经过多轮次循环发酵，富集了大量的呈香呈味物质和香味物质的前驱物质。二、采用独特的"两花一伏"大曲，即春季制的"桃花曲"中温曲、夏季制的"伏曲"高温曲和秋季制的"菊花曲"中高温曲。三种大曲经过合理配比，赋予了独具个性的古井贡酒大曲微生物系。三、采用了多粮投料、"三高一低"（入池淀粉高、入池酸度高、入池水分高、入池温度低）、"三清一控"（清蒸原料、清蒸辅料、清蒸池底醅、控浆除杂）等独特技术和分层出池、小火馏酒、量质摘酒等多道工序。四、根据不同的质量需求，采用不同的酿造工艺，从而酿制出不同风格的美酒。如采用"留醅发酵"可生产出幽雅型酒，采用"回醅发酵"可生产出醇香型酒，而通过正常发酵则可生产出醇甜净爽型酒。五、基础酒经分级贮存5年以上，再经反复地勾调、品评、调味，定型后，才能灌装出厂，与广大消费者见面。

千百年来，一代代古井人继往开来，不断完善古井贡酒传统酿造工艺，坚持把最好的酒贡献给世人。

「135精益质量」管理模式

2013年，安徽古井贡酒股份有限公司积极借鉴行业和国际制造业的先进管理方法，整合现有资源，提出了独具古井属性的"135精益质量"管理模式。该模式以卓越绩效管理模式为统领，以质量、食品安全、诚信三大体系为载体，以基于PDCA循环的"精益质量"五项行为保障，自上而下纵深推进质量管理，确保企业经营业绩的提升和战略目标的实现。2015年9月，"135精益质量"管理模式被国家工业和信息化部认定为"工业企业质量标杆"。

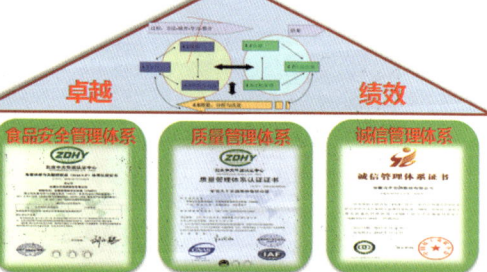

阴阳五行与古井贡酒

　　五行学说是中国传统文化的核心理论。五行学说把宇宙万物解释为由金、木、水、火、土五种元素组成,五种元素互相依存、相生相克。自然界各种事物和现象的发展、变化,都是这五种不同的元素不断运动和相互作用的结果。

　　在中国哲学的谱系中,酒是传统文化的杰出代表。它是阴阳五行调和的产物。水的外形,火的性格,水火相融,金木水火土相合而生。酒的原料产自于五谷,属木;酒的外形是液体,属水;酒的生产又离不开蒸馏,属火;酒的储藏多用陶坛,属土;酒器又多是青铜制品,属金。推杯换盏之间,金木水火土五种元素在这里完美交融,物质世界的奥妙展露无遗。

　　古井贡酒的生产过程,同样严格遵循了五行谐调的古代哲学。古井贡酒精选优质五粮,采用富含微量元素的古井泉水,秉承九酝酒法和传统技艺,择层取醅、择时摘酒,并将美酒置于无极酒窖地下陶坛深藏,酒体自然老熟,醇香厚重、绵甜净爽。

古井贡酒品鉴方法

美酒的品鉴,既是一门技术,也是一门艺术,其要旨就是"观其色,闻其香,品其味"。

第一步:鉴赏古井贡酒之"色"——晶莹剔透。

古井贡酒晶莹剔透,色清如水晶,没有丝毫杂质,所以品鉴古井贡酒就要先从察颜观色做起。先用手举起酒杯,置于灯下,视线与酒杯平行,以白布或白纸作底,通过肉眼观其色调和透明度,便可见其像水晶体一样高度透明清亮,光泽诱人。然后再将酒杯回旋,观察其挂杯的情况,便可见酒液分布在酒杯的壁周边。古井贡酒久历岁月锤炼,醇厚幽香,挂杯多而持久。

第二步:鉴赏古井贡酒之"香"——幽雅陈香。

在现代科技日新月异的今天,白酒的香气仍然是通过人的嗅觉器官(鼻)来检验。通过闻气味,可以确定酒样的香气幽雅程度、细腻性、舒适性和纯正性。

古井贡酒的香气特点是物质丰富,香气谐调,主体香突出,无其他邪杂气味,溢香性好,一倒出就香气四溢,芳香扑鼻。

闻香的原则是先慢吸,再快吸,最后深吸,从而使我们的嗅觉得到充分的调动。在闻香时需要注意的是,执酒杯于鼻下1—3厘米处,头略低,轻嗅其气味,稍微休息后再作第二遍深度嗅闻,用心辨别气味。在闻的时候,要先呼气,再对酒吸气,不能对酒呼气。最初不要摇杯,闻挥发性高的、轻的、舒适的幽雅谐调的香气。然后再回旋酒杯,增加香气的蒸发面,再细闻辨别香气的醇和度、谐调性。最后轻轻摇动酒杯,仔细甄别空气进入酒杯振荡后的香气。她那强烈的醇香是漫长岁月的深厚积淀陈酿的香气,让人如痴如醉。

第三步:鉴赏古井贡酒之"味"——绵、甜、净、爽。

酒的口味决定了酒的品质。品尝古井贡酒时,可先将酒啜入口中,注意酒液入口时要慢而稳,将酒含在口中,大约为2毫升,每次含入口中的酒数量须大体一致。使酒液先接触舌尖,再到两侧,最后到舌根,使酒液铺满舌面,进行味觉的全面判断,要注意感受味的谐调、柔和、醇甜、圆润、舒适和愉快感。

再轻轻地啜上一口,用舌尖将酒顶向上颚,将酒气随呼吸从鼻孔排出,感受古井贡酒非刺鼻性的酒香四溢的美妙鼻息。随着酒液的回旋,舌面要在口腔中移动,酒液的真正滋味均匀细致地铺陈在口中。

在用舌头品尝酒的滋味时,要分析嘴里酒的各种味道变化情况,以充分领略口感程度。酒液进口应柔和爽口,带甜、酸,无异味,饮后有余香味,要注意余味时间有多长。酒留在口腔中的时间约5秒钟。

在初尝以后则可适当加大入口量,以鉴定酒的回味长短、尾味是否干净,是回甜还是后苦,并鉴定有无刺激喉咙等不愉快的感觉。应根据两次尝味后形成的综合印象来判断是否符合古井贡酒的真味。

最后,喝过古井贡酒之后打个回嗝,其醇香犹在。恰如当年白酒泰斗周恒刚给出的古井贡酒评语——"色清如水晶,香纯似幽兰,入口甘美醇和,回味经久不息"。这就是"酒中牡丹"古井贡酒的典型风格。朋友,您是否品味到了呢?

「酿酒」与「造酒」

这里所说的"酿酒"与"造酒",是指白酒生产过程中的两个重要环节,即勾兑与调味。白酒在生产过程中,将蒸出的酒和各种酒互相掺和,称为勾兑,这是白酒生产中一道重要的工序。因为生产出的酒,质量不可能完全一致,勾兑能使酒与酒之间取长补短,差别得到缩小,质量得到提高,使酒在出厂前质量稳定,标准统一。勾兑主要是使酒中各种微量成分配比适当,达到该种白酒标准要求和理想的香味感觉及风格特点。勾兑的做法就是逐一品尝生产车间的酒,分析各自的长处和短处,将它们互相掺和,使各种微量成分按比例配合,酒体更加谐调。

调味是对勾兑后基础酒的一项加工技术。调味酒用来弥补基础酒的瑕疵,加强基础酒的香味,突出其风格,使基础酒在某一点或某一方面有较明显的提高,质量得以完善。勾兑与调味既相互联系又相互区别。

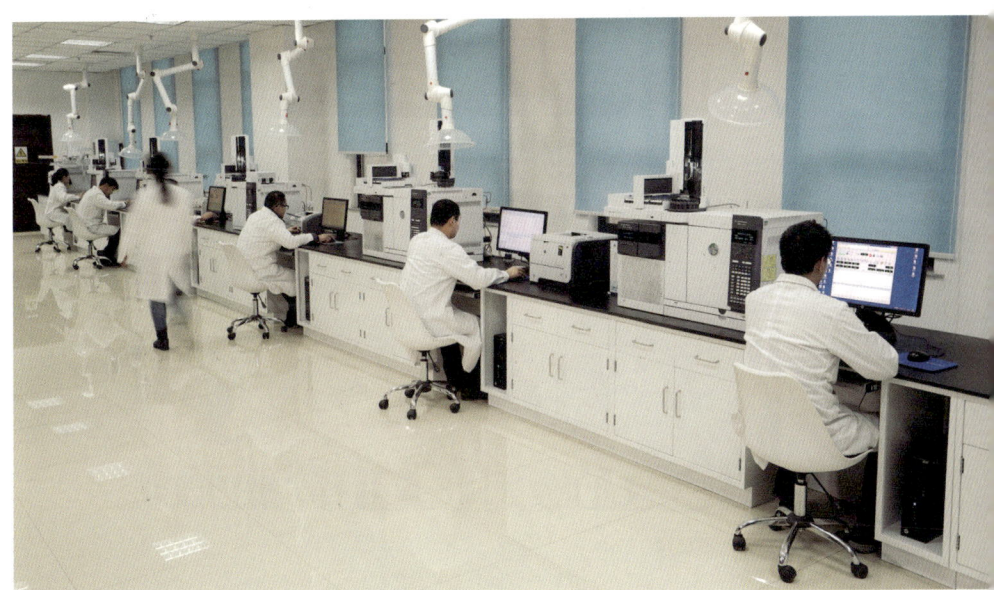

中华第一贡

「原酒探秘·健康养生」之旅

古井集团常年坚持组织"原酒探秘·健康养生"之旅，全国各地消费者走进古井，开展体验式营销。

在全国重要节点城市，古井集团还建立品牌体验中心及基地、酒庄，以及利用分布在全国各地的古井酒店做产品形象展示。

古井贡酒好不好，最终要靠广大消费者和用户给出答案。

第三章　中国最优秀的白酒营销团队

营销,就是把"中华第一贡"贡献消费者的过程,其本质是一种传播与服务。敢于亮剑、勇争第一,古井营销团队坚守承诺、行动、快,把最好的产品和服务传递给用户,同时充当古井集团"拿下一百亿,冲向前三甲"战略目标的"排头兵"与"先遣队"。

品牌形象

近年来，古井贡酒中国酒文化全球巡礼活动先后走进美国、法国、意大利、保加利亚及"一带一路"国家，向世界各国传递中国酒文化的无限魅力。同时，古井贡酒与上海世博会、韩国丽水世博会、意大利米兰世博会、哈萨克斯坦阿斯塔纳世博会进行了战略合作，并于

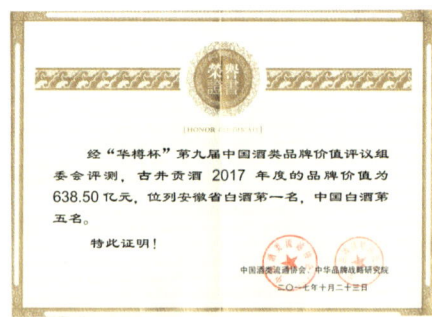

2011—2013年度连续三年总冠名"感动中国"人物评选活动，2015年8月"年份原浆"商标注册成功，2016、2017、2018年成功邀约央视春节联欢晚会。2017年在"华樽杯"中国酒类品牌价值评议活动中，"古井贡"以638.50亿元的品牌价值位列安徽省酒企第一名，中国白酒第五名。

2016年4月，古井贡酒与湖北黄鹤楼酒业签订战略合作协议，名酒联合打造"双品牌，双百亿"，实现两市场共振，共同发力。

营销战略

古井目前正处在由 4.0 时代向 5.0 时代过渡时期。

4.0 时代，古井营销体系的核心就是"三通工程"。"三通"指的是"人人通""路路通"和"店店通"，即小区域、高占有。在选定的区域内集中资源，建立规划、执行、督导三位一体的执行体系，通过精细化的网点建设和消费者意识的培养，构建渠道和消费者的良性互动，达到产品陈列面最大化、推荐率最大化、消费者指名购买率最大化。先在局部区域做到第一，然后进行成功复制，逐步扩大市场占领率，将版块连成一体。"三通工程"的终极目标是销售第一。

5.0 时代，就是要建立前端引流、中端体验、末端结算的新模式，对公司全部产业进行一体化打造。要走进 5.0 时代，每位员工都要做"贡献文化"的使者，变成消费者服务的人员，和消费者直接互联互通互动。

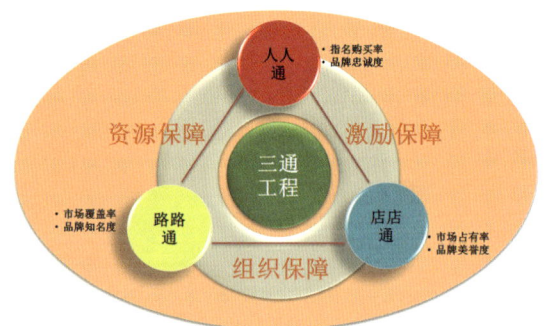

市场服务

　　为了确保售后服务,公司开通了呼叫中心热线电话:400-8877-519。服务内容主要包括业务咨询、市场投诉、质量反馈、问题反映、防伪查询以及其他相关服务。古井集团还与安徽省公安厅、安徽省工商行政管理局联合成立了打假办公室,切实维护消费者合法权益,共同净化市场,扶优汰劣。

　　公司按照"自主创新,重点跨越,支撑发展,引领未来"的方针,推进知识产权工作。古井建立健全高效的企业知识产权管理体系,加大知识产权投入和保护力度,强化知识产权专业队伍培育,不断提高知识产权能力和水平,并已经进入"国家知识产权示范企业"行列。

2017年度国家知识产权示范企业和优势企业名单

示范企业名单（182家）

序号	推荐单位	企业名称
81	浙江省知识产权局	浙江瑞明节能科技股份有限公司
82		浙江尖峰药业有限公司
83		浙江石化阀门有限公司
84	安徽省知识产权局	阳光电源股份有限公司
85		安徽古井贡酒股份有限公司
86		华菱星马汽车（集团）股份有限公司
87		安徽皖维集团有限责任公司

团队建设

营销工作愿景：打造白酒行业最优秀的营销团队，致力于做中国酒文化最卓越的传播者。

营销工作使命：用户的诉求就是我们的心愿，用户的利益就是我们的价值。做一个友好的企业，对员工友好，对用户友好，对合作伙伴友好，对社会友好，对环境友好；成为中国最受欢迎、最受尊重的白酒营销企业之一，即最好的品牌、最好的产品、最好的利润、最好的形象、最好的服务、最好的文化价值观。

古井营销人誓词：作为古井营销人，必须遵守公司纪律，执行公司决策，严守公司秘密；必须尽职尽责，奉献进取，敢打敢拼，奋发有为；必须团结同事，诚信友爱，尊重上级，爱护下级；必须拒绝腐蚀，一身正气，古井利益，高于一切；必须胸怀博大，超越自我，坚定信念，首战有我，有我必胜；必须拓宽视野，脚踏实地，为古井营销的跨越式发展而竭尽全力！

营销工作中长期目标："双品牌，双百亿"，重回中国白酒第一阵营。

营销工作行动口号：为荣誉而战，为使命而战；首战有我，有我必胜；敢于亮剑，勇争第一；坚守承诺、行动、快；一天不懈怠，一处不放过，只为成功找方法，不为失败找理由；5+2，白加黑。

第四章 中国白酒制造业帝国

中国白酒制造行业变幻莫测,在行业进入深度调整期时,古井集团加码主业白酒,率先提出中国白酒5.0。

古井集团制定"拿下一百亿,冲向前三甲"及打造中国制造业帝国的战略目标,围绕战略5.0,努力打造四大平台和四大中心,深入推进"中华第一贡"复兴大业。

一、古井战略5.0

"古井战略5.0",是一个彻底走向以白酒主业为核心、以终端用户为中心的古井新时代,是对传统经营模式的颠覆式创新。

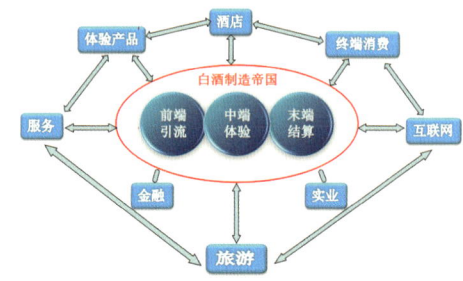

建立前端引流、中端体验、末端结算的新模式,进而对公司全部产业进行一体化打造。每位员工都要做"贡献文化"的使者,变成消费者的服务员,企业和消费者直接连通、互动。

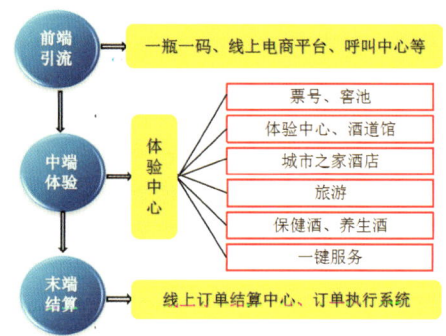

前端引流:公司通过一瓶一码、线上电商平台、无极票号、原浆探秘之旅、酒店客户等进行用户数据引流,并利用"全球呼叫中心"对用户的诉求进行统一处理,利用会员系统(CRM)做好用户数据管理和使用。

瓶盖扫码　　页面抽奖　　"醉美古井关注　微商城绑定红包提现购买抵款

中端体验：就是实地体验中心，重点打造六个层面

一是创新推出无极票号和窖池。古井的无极票号和窖池也是一种美酒体验。到了古井5A景区，消费者可以定制一瓶酒、定制一个窖池，也可以将其转换成理财产品。窖主可以通过明清窖池体验系统，实时监测美酒酿造的每一步过程。

二是在全国重点城市北京、上海、深圳、杭州、郑州、合肥打造古井贡酒品牌体验中心，在北京、蚌埠、定远建立酒道馆，引流中高端消费群体。

三是在一般城市，重点打造集团旗下的"城市之家"连锁酒店，开展文化展览、顾客体验、白酒销售，做闭环式营销。同时，做好古井贡酒门店服务。

四是持续开展原酒探秘之旅，让用户近距离体验古井贡酒文化和服务。用户可以在中华酒谷、古井酒庄品美酒、享佳肴、醉酒乡。

五是保健酒、养生酒业务。充分发挥亳州当地"药都"的地道药材、地道名酒、地道名医的优势，为用户"把脉"和订制各种个性化保健产品。

六是用户通过古井官方商城、微信、掌上古井、400服务热线进行一键式反馈、投诉和热线，然后经过"全球呼叫中心"进行统一处理，让用户简单、便捷地享受古井旗下的白酒、酒店、文化旅游等各类产品和服务。

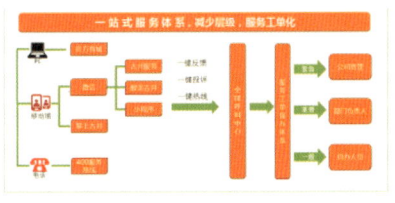

末端结算，通过线上订单结算中心和订单执行系统，进行线上结算，并时时反映产品订单信息。

二、四大平台

四大平台，即以白酒为主业的制造业平台，以商旅、房地产、农产品深加工为主的实业平台，以汇信金融为主的金融平台，以酒文化、酒生态、酒旅游为核心的文旅平台。

制造业平台：古井集团坚持以白酒为主业，核心是古井贡酒和黄鹤楼酒。

古井贡酒是古井集团的主导产品，其渊源始于196年曹操将家乡亳州产的九酝春酒和酿造方法进献给汉献帝刘协。目前公司主打产品古井贡酒·年份原浆。在中国食品工业协会白酒专业委员会成立30周年座谈会上，古井贡酒·年份原浆被授予"1985—2015中国白酒历史标志性产品"荣誉称号。

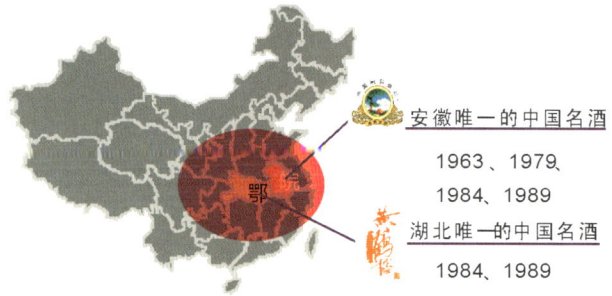

2016年4月，古井贡酒与武汉天龙黄鹤楼酒业有限公司签订战略合作协议，开启中国名酒合作新时代。黄鹤楼酒业是百年老字号名酒企业，是在明清"老天成"等多家古老酿酒作坊群的基础上，发展起来的集生产、研发、销售于一体的大型白酒企业。1984和1989年蝉联第四、五届"中国名酒"称号。目前拥有武汉、咸宁、随州三大基地。

中华第一贡 THE FIRST TRIBUTE WINE OF CHINA

实业平台：主要包括商旅、房地产、农产品深加工三大产业。

商旅：安徽瑞景商旅(集团)有限责任公司是"2015年度中国饭店集团60强"，旗下安徽古井酒店发展股份有限公司是新三板上市企业，拥有"城市之家""君莱"两个优质住宿业连锁品牌。瑞景商旅集团坚持"一个瑞景·古井一家"，以规模化和连锁化为工具，在发展住宿业的同时注重酒店与白酒的联动，致力打造中国最好的商旅企业，是古井战略5.0中重要的中端体验端。

房地产：安徽古井房地产集团有限公司坚持"做好人，建好房，成为受人尊重的房产公司"理念，立足亳州，着眼合肥，大力实施"以开发精品住宅为主，兼顾城市商业综合体"的发展战略。

多年来相继在亳州开发了"丹华山庄""丰水源""瑞景嘉园""府南花园"等一批经典项目。新开发的"上善名郡"和"古井城市广场""悦湖城"项目深受亳州市民欢迎。

农产品深加工：瑞福祥公司秉承"质量领先、信誉至上"的原则，致力于小麦深加工，不仅通过各项国内相关体系认证，还通过KOSHER、HALAL、FSSC国际食品安全体系等多项国外体系认证，是"全国放心粮油示范工程示范加工企业"。公司不断加大工艺技术研发，小麦深加工产品数量众多，产品出口到美国、加拿大、荷兰、日本、越南、澳大利亚等国家和地区，在本行业中居安徽省出口创汇第一位。

此外，瑞能热电公司、盛隆商贸有限责任公司、安徽大厦、安徽好吃点餐饮有限责任公司等企业均处于稳健发展中。

中华第一贡

金融平台：以安徽汇信金融投资集团有限责任公司为核心。

汇信金融是亳州市首家金融控股平台，旗下拥有融资租赁、典当、小贷、融资担保、电商等类金融公司。汇信金融以"透明高效，助力成长，战战兢兢，如履薄冰"为核心价值理念，为用户提供包括资金、咨询、运营管理、价值管理等多层次、全方位的服务。

汇信金融大力拓展供应链金融，服务主业白酒，为白酒经销商提供支持资金，创新推出中国第一家白酒票号产品——"无极票号"。

文旅平台：以大中原酒谷文化旅游开发有限公司为主体。

大中原酒谷文化旅游开发有限公司(简称"大中原公司")成立于2015年3月,旗下包括安徽中古旅游发展有限公司、安徽古井国际旅行社公司、安徽乐酒家园旅游有限公司、安徽绿园生态农业发展有限公司、安徽欣园市政工程有限公司。

大中原公司致力于以酒文化、酒生态、酒产业、酒旅游为核心的"文旅平台",按照高起点、一体化要求,打造"中华酒谷"。主要是按照"一带""一轨""四区"的总体布局,建设古井旅游观光带(一带),沿观光带小火车观光轻轨(一轨),乐酒家园、古井集团总部科技质量园、张集生态酿造园、古井贡酒酿造遗址公园(四区)。目前各项建设稳步推进。2015年9月9日,全世界最高"曹操像"落成,同时《曹操》大剧开播,古井酒神广场广迎八方来宾。

中华第一贡
THE FIRST TRIBUTE WINE OF CHINA

三、四大中心

呼叫中心：呼叫中心是古井战略5.0前端引流平台之一，是古井集团制造业、实业、金融与文旅四大平台统一集成、统一对外联系的"窗口"。其利用现代通讯、计算机、互联网等技术，由公司服务人员处理来自公司内外用户的需求，实现一次呼入解决用户所有问题，为用户提供一站式服务，同时结合完善的用户体验，为用户提供全程的个性化服务。

公司对呼叫中心产生的用户数据以及交流过程进行全方位挖掘，进行资源嫁接与共享，对业务开展提供信息支持，为公司提供决策支持。呼叫中心对古井用户进行分级管理，围绕核心消费者开展品牌活动推广、产品体验，增加消费者的品牌黏性。同时促进集团四大平台用户嫁接与互动，

推动集团各产业整体协同发展，提升品牌价值。

采购中心：古井集团建立集团采购中心，通过统一的电子采购平台，规范采购流程，实施集中采购，发挥采购规模效应，降低采购成本，防范职业风险，规避法律风险和市场风险。同时通过供应商集中管理，形成供应链协同，公司可以更好地参与市场竞争。

为进一步降低经营成本，扩大前端引流的广度与深度，古井集团成立安徽盛隆

商贸有限责任公司,打造新型供应链合作共同体,真正实现与供应商的共生、共赢、共成长,提高企业的成本竞争能力和市场抗风险能力,同时夯实集团的造血与生血功能,营造新的经济增长点。

物流中心:2015年4月20日,由古井集团与中国物流公司合资的中国物流亳州有限公司注册成立。中国物流亳州有限公司以古井成品酒物流业务为切入点,逐步深入古井集团的成品物流、生产物流与采购物流,拓展亳州物流业务,打造更规范、更专业的物流信息平台。以中国物流亳州有限公司为核心的古井物流中心,规范了古井的物流业务,降低了物流成本,并将为古井战略5.0的实现提供物流保障。

数据中心:通过对古井全球呼叫中心、CRM系统等前端引流项目的整合,兼顾古井营运网及财务结算管理系统等中端体验及终端结算项目的建设,建立一个集中分散、异构、可扩充、可集成、有统一数据模型、有多种角度视图、可交换和安全可靠的共享数据库系统。

数据中心通过对数据建模、关联分析、预测分析等高层次的应用,为市场开拓、业务拓展、经营管理提供有效的数据支撑、分析和定位。同时满足业务运营、洞察和优化、关键绩效指标分析和考核等方面的管理要求,为公司经营发展搭建科学数据分析基础。

四、国际化的新古井

全球化的发展和互联网时代的到来,使中国白酒行业不可避免地步入国际化潮流。被誉为"东方神水"的古井贡酒,早在1988年就成为巴黎第十三届国际食品博览会白酒唯一金奖。近年来进一步借助世博会、中国酒文化巡礼、"一带一路"等,不断走向国际市场,努力塑造"中华第一贡"品牌形象。"中华第一贡"的本义,范围并不仅限于国内,而是要把企业与中华文明、全球华人紧密联系在一起。

无论是从行业发展趋势,还是古井企业文化内在要求,国际化都是古井集团未来战略的重要组成部分。我们坚信,在战略5.0的引领下,古井集团必将创造一个国际化的新古井,与世界共享中华国粹,共赏中华星辉!

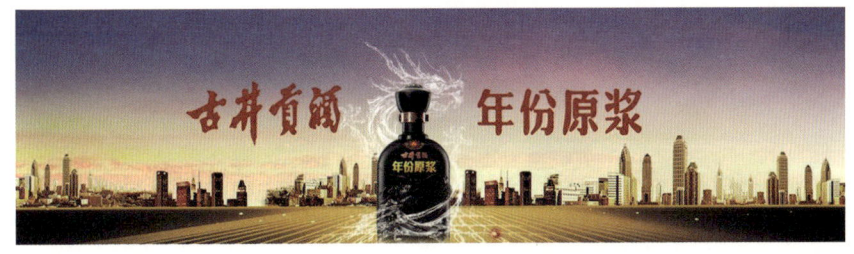

第五章　中国最具竞争力的管理团队

兵无常势，水无常形。古井管理团队致力发掘适合古井土壤的管理方法和管理模式，土生土长，最具活力。如弘扬聂广荣精神、锻造古井铁军、实行党管一体、打造运营五星级、挂图作战、审计全覆盖、打通"毛细血管"等，助力古井逆势上扬，受到社会各界的关注和认可。

管理提升无止境。打造中国最具竞争力的管理团队，古井集团一直在路上！

一、聂广荣精神

习近平总书记在党的十九大报告中强调,要"建设知识型、技能型、创新型劳动者大军,弘扬劳模精神和工匠精神,营造劳动光荣的社会风尚和精益求精的敬业风气"。

聂广荣精神就是古井劳模精神和工匠精神的典型代表。以聂广荣为代表的老一代古井人艰苦创业、忘我拼搏、无私奉献、一身正气的精神深深感染和叩动着后人的心弦。梁金辉董事长指出:"聂广荣精神就是古井的劳模精神和工匠精神,就是责任感、使命感、荣誉感,聂广荣精神就是我们最大的文化价值和精神财富!"

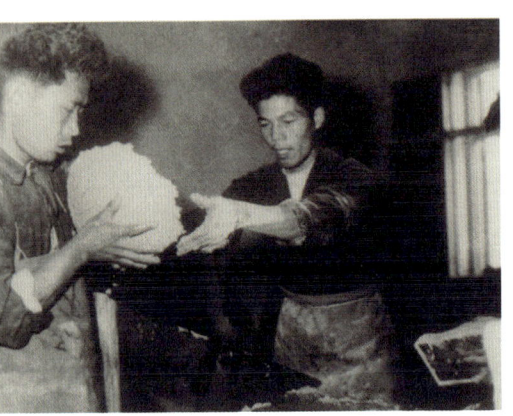

聂广荣精神主要包括:艰苦奋斗、迎难而上、不知疲倦的拼搏精神;实事求是、坚守原则、脚踏实地的求实精神;任劳任怨、兢兢业业、勤勉耕耘的奉献精神;心静如水、追求卓越、专注技艺的精益精神;敢作敢当、追求极致、奋勇争先的创新精神;纯洁朴素、表里如一、诚实守信的厚道精神;胸怀宽广、常怀感恩、共享合作的团结精神;爱党爱国、一身正气、大公无私的公仆精神。

古井的发展需要聂广荣精神,古井振兴需要聂广荣精神,古井梦想需要聂广荣精神。聂广荣精神永放光芒!我们要学习聂广荣精神,感恩先辈,不忘初心,牢记使命,以聂广荣为榜样,砥砺前行,为"中华第一贡"的伟大复兴,为早日实现"双品牌、双百亿"战略目标而奋斗!

二、古井铁军

"铁军"是落实企业文化、落地企业战略的关键终端与荣誉载体,是企业日常行为的责任主体。

何谓"古井铁军"？铁军是有意志的、有理想的,要有崇高的理想和目标,要有正确的方法和策略,要有顽强的精神和斗志,要有严明的纪律和作风。

崇高的理想和目标,是古井铁军挥师所向、勇往直前的中军大纛。正确的方法和策略,是古井铁军攻城拔寨、征战沙场的制胜法宝。顽强的精神和斗志,是古井铁军前行不殆、奋斗不息的动力之源。严明的纪律和作风,是古井铁军自我约束、从严管理的根本素养。

"能打胜仗"是古井铁军的根本职能,各级管理人员要把一个个目标任务当作一场场战斗,牢固树立"战斗力"这个唯一的、根本的标准,练本领带队伍,确保古井铁军招之即来、来之能战、战之必胜。

企业战略的实现,最终要靠一支能打胜仗的古井铁军。企业文化由虚入实,同样需要古井铁军"一天不懈怠,一处不放过;只为成功找方法,不为失败找理由"的强力执行。古井铁军,就是活着的企业文化、活着的企业战略。

三、党管一体

中国特色的现代国有企业制度,就是要把党的领导融入公司治理各环节,推动党建工作与生产经营深度融合,把党建工作成效转化为企业发展优势,坚定不移做强做优做大国有企业。

古井集团党委在上级党委的正确领导下,以"党建立企、党建兴企、党建稳企"为工作宗旨,坚持"围绕运营抓党建,抓好党建促发展"的工作方针,做到党建工作与生产经营同频共振、共同提升。目前,古井集团党委拥有4个下属党委、7个党总支、97个党支部、1111名党员、专兼职党务工作者297名,被评为"全国创先争优先进基层党组织"。

古井集团党委在长期的工作中,不断探索,勇于创新,经实践形成具有古井特色的党建工作经验。2017年,为进一步加强公司党的基层组织建设,提高公司党建工作的标准化、规范化和科学化水平,古井集团党委在党建标准化的基础上,建立并实施古井集团党建质量管理体系。古井集团是安徽省第一个成功写入该体系的企业。同时,古井集团党委设立"古井觉省日"、"高管接待日"、管理人员"基层工作日",持续开展"星级党员(员工)"评选、"帮带双星"等活动,加强与员工的紧密联系,在生产经营中不断提升党建工作水平。

古井集团党委按照"党要管党、从严治党"要求,认真落实"两个责任",要求集团各级党组织把管党治党同经营管理工作一起部

署、一起检查、一起落实、一起考评。要像研究生产经营工作那样,研究党建工作,切实做到情况清、目标明、措施实、方法力、要求严,把每条战线、每个领域、每个环节都抓具体、抓深入、抓扎实。各级党组织书记,既当指挥员,又当作战员,重要工作亲自部署,重大问题亲自研究,重点环节亲自协调,重大事项亲自督办,亲力亲为地抓好党建工作。党委其他同志都要按照分工抓好分管部门、分管领域的管党治党工作,通过上下左右的一起努力,形成从严治党、全面治党的强大工作合力和氛围,使党建工作真正融入企业生产、经营、管理的各个环节、各个毛细血管。

2017年9月,古井集团党建企业文化馆正式开馆,该馆总建筑面积3700平方米,共分为鸿鹄伟业、企业党建、企业文化、产品展示、未来展望和尾厅等6大展区。这也是全国第一个以党建文化为主题的场馆。

四、运营五星级

古井不仅需要卓越绩效管理、精益管理、标杆管理,还要具体导入适合古井特色的管理,就是"运营五星级"。具体来说就是"思想、行动、管理、服务、安全"方面的"五星级"。

用思想五星级,塑造"三人标准"。思想是先导,是一切行动的原动力。"做真人,酿美酒,善其身,济天下"是我们的核心价值观,必须持之以恒一以贯之,人人都做"政治上的明白人、事业上的老实人、生活上的朴素人"。

用执行五星级,锻造古井铁军。执行是核心,对个人而言,执行力就是办事能力,对团队而言,执行力就是战斗力,对企业而言,执行力就是运营能力。竞争环境下,强者更强,弱者更弱,因此我们的行动必须超前一步,稳、准、狠。

用管理五星级，推动改革创新。管理是关键，传统的管理模式已经无法满足战略5.0的需求。古井要探索新路径，全面搭建适配5.0的内外组织机构、人力资源系统、产供销协同体系、平台支持系统等，打造全方位的用户导向管理体系。

用服务五星级，实现企业愿景。服务是基础，要做"中国最受欢迎、最受尊重的白酒企业"，就要树立全员服务意识，践行"人人是古井品牌，人人是古井形象，人人是古井榜样"的行为理念，倡导"万名员工，就是一个古井"的标准。

用安全五星级，保障企业运营。安全是企业的生命线。我们强调的安全不仅包括生产安全、食品安全、环境安全、消防安全、运营安全，更重要的是人身安全、政治安全。安全工作要强调各项制度的执行力度，言必信，行必果。

五、挂图作战

挂图作战是古井集团各级管理人员及每位员工分解、落实、推进工作任务,提升团队执行力的基本方法,包括"六个围绕抓落实"、一张表工作制、对账销号等具体途径。

"六个围绕抓落实",就是要围绕"目标、项目、服务、作风、结果、安全"六个方面,抓好落实。

围绕目标抓落实,要以销售、生产、财务三大指标为中心,相关单位明确为此服务的范围和内容,做到精准、到位、有担当。

围绕项目抓落实,就是实行项目负责制,牵头为大。要打破级别和部门管理的界限和权限,形成灵活的工作组。牵头人可以调动跨部门的人员来参与项目,协同提高重点工作的推进效率。

围绕服务抓落实,就是要内外市场化。各单位工作做得好不好,都由其服务的对象来评价,从而提高内部服务的积极性。

围绕作风抓落实,要求各级管理人员做到"心净、手净、脚净",打造"人正事正、公平公正、风清气正"的企业生态。

围绕结果抓落实,要以结果为导向,倒排工作推进的时间表,确保目标达成,同时注重打造具有高效执行力的团队。

围绕安全抓落实,就是要抓好生产安全、人身安全、食品安全、政治安全等,确保所有人"干成事,不出事"。

一张表工作制,就是把各项工作的整体进度、各个重要节点、完成情况都体现在一张图表内。全年任务一张表,一个项目一张表,落实执行一张表,检查汇报一张表,各项工作一目了然。

对账销号,就是完善问题台账,做到发现的问题事事有回音、件件有落实;完成一个,对账销号一个,确保问题整改不落、不漏;对尚未整改完成的问题,要加大监督力度,确保落实到位。

通过挂图作战,古井铁军的执行力才能得以切实保证。

六、审计全覆盖

审计是对企业的健康体检,是企业自我完善、自我净化、自我提升的有效手段。审计全覆盖,就是各个公司包括各基层单位,小到一个具体的项目、单据,都要列入审计范围。

公司在运营中,谁也不可能保证不出问题,但是有问题并不可怕。需要注意的是:有没有能够发现的眼睛,能不能开出良方,能不能立行立改。问题解决了,就是管理的提升。

公司对于问题单位、问题点、问题环节,坚持常审、审常,抓早、早抓,把审计关口前移。同时紧紧围绕"促进发展"这一中心,一手抓"提升价值",一手抓"强化监管",努力实现查出问题与实现发展一体化,促进整改与推动问责一体化,提示风险与维护安全一体化,完善内控与规范运营一体化。不断加强审计队伍建设,打造一支政治可靠、业务过硬、作风严谨、纪律严明、工作敬业的审计铁军。

审计工作是古井集团战略发展的一部分,是实现运营五星级的一个重要保障。

七、"毛细血管"

"毛细血管"是企业运营的"神经末梢",是铁军队伍的终端。打造一支铁军队伍,最终落脚点在一线员工。"毛细血管"是执行企业战略、落实各项计划最基层、最重要的一环,因此绝不能变形走样。

要强化管理,精准发力,紧握拳头,向"毛细血管"挥就。管理之难,难在我们所处的环境纷繁复杂,不断变化;难在所有"毛细血管"要及时跟上变化而不破裂、不堵塞,不影响"血液"的回流。故而要强化管理,找准关键问题,精准发力,精准施策。

问题导向,探本求源发现产生问题的根源。找到问题产生的根源,解决问题的方法自然就会浮出水面。

对症下药,因地制宜找到解决问题的办法。不仅要对问题把脉,还要明"药理"、知"药性",开对"方子"。

扫盲作业,全面清除滋生问题的土壤。"盲区"不仅包括监管不到位的地方,还包括人员思想意识上的盲区。

定期排查,跟进过程,确保达到预期目标。要坚持以日保月,以月保季,以季保年,用好的过程实现好的结果。

外练筋骨皮,内练一口气,"反对懒散疲痞娇",做好"毛细血管"管理,才能真正铸造古井铁军。

针对"懒散疲痞娇"+"毛细血管",要全面提升管理,做到管理项目化、标准化、信息化,可考核、可追溯、可兑现,将"运营五星级"和"毛细血管"落到实处,全面提升古井的管理水平。

八、再造一个新古井

再造一个新古井,即再造一个基于网络化、信息化为基础的新古井。万物互联、智能制造是未来商业发展的趋势,互联网+是古井再造的新式武器,掌上古井、移动助理、超级导购、一瓶一码的实现,标示着古井信息化体系基本搭建完成,再造的地基已经初步完工,开始向智能制造、绿色酿造和数字化企业转型。在此基础上,古井将在智慧工厂、大数据库资源、大数据创新应用、技术创新、人员培训等方面进行整体设计、全面规划,从而真正了解古井贡酒卖给了谁,解决好产品"可体验性"问题。

新古井最终将实现管理团队的进化、业务流程的进化和工作氛围的进化,从顶层架构对现有流程进行再造,做到先僵化,再优化,后固化,思想与时俱进,能力与时俱进。

再造一个新古井,同时也是再造一个国际化的新古井。美酒无国界,感情无国界,文化无国界。古井贡酒作为浓香型白酒典范,必将走上国际化之路。以国际化的视野,在全球化的潮流中定位企业发展,以"站在月球"的高度建设品牌、架构组织、配置资源,逐步开拓海外市场,向世人展示中华民族优秀的传统文化,中国的优秀白酒品牌可以跨越国界、文化和肤色,以中国味道为记忆点,使人们产生共鸣。古井贡酒四次携手世博,相继开启中国酒文化全球巡礼美国、法国、保加利亚和波兰等站,亮相联合国总部,首创中国白酒海外市场拍卖,见证了古井贡酒原产地中国亳州市与法国干邑市签署友好城市合作,以实际行动推动了白酒国际化这一行业历史命题的破题,加快推进了国际化的新古井。

第六章 员工行为规范

无规矩不成方圆。

细致完善的员工行为规范是打造一支训练有素,爱党、爱国、爱企、爱岗的员工队伍的必要条件。

古井需要一支忠诚之师、文明之师、威武之师,一支既有强大凝聚力、战斗力,又有开拓进取精神的学习型组织。这就需要规范,更需要训练,需要万名古井人的共同努力。

一、文明行为规范

我是古井好榜样
——文明行为规范"十要十不要"

着装：要统一工装，不要奇装异服；
乘车：要有序排队，不要拥挤占位；
用餐：要相互礼让，不要插队喧哗；
工作：要精神饱满，不要心不在焉；
开会：要认真记录，不要打扰别人；
见面：要微笑致意，不要装腔作势；
服务：要热情负责，不要冷漠推诿；
环保：要爱绿护绿，不要乱丢乱吐；
说话：要文明谦和，不要粗俗跋扈；
操守：要敬业爱岗，不要自贬形象。

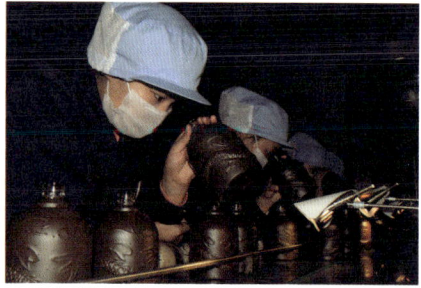

二、接待客人礼仪规范

(一)一般规程

1.准备工作:检查自身仪容仪表是否整洁。

2.等候客人:提前一刻钟在门口迎接。

3.客人抵达:主动向前迎上、引领至等候区、引导客人去指定地点的路途中,工作人员要走在客人右前方数步远的位置,忌把背影留给客人。

4.问候:礼貌热情地问候客人,视情况做自我介绍。

5.询问:待客人入座后,询问是否有特殊需求。

6.欢送客人:

(1)会议结束后将会议室门打开。

(2)服务人员环顾会场,检查客人随身物品是否遗漏。

(3)走在客人右前方位置,保持一米距离引领客人,在拐角处需停留、回头、侧身和做手势指向,主动为客人按电梯按钮,将客人送至大厅或门口。

(4)全程面带微笑,使用令人舒服的语言道别。

(二)注意礼节

1.握手礼

(1)通常先打招呼再行握手礼,双方用右手与对方握手,握住对方的手后上下轻轻

抖动数下，与对方保持合适距离。

（2）握手时间一般不超过5秒，即说一句欢迎语或暖心话。

（3）用力适度，不可过轻也不可过重。

（4）必须面带微笑，注视并问候对方。

（5）客人与服务人员之间，客人先伸手；上下级之间，上级先伸手；年长与年轻之间，年长者先伸手；男士与女士之间，女士先伸手。

（6）冬天应先脱去手套再行握手礼，在室内不得戴帽子与客人握手。

（7）双手不可交叉与两个客人同时握手。

2.颔首礼

（1）头往下方垂直的方向微微点动一下为颔首礼。

（2）在距客人3米左右时应行颔首礼。

（3）注视对方，面带微笑，颔首示意。

（4）若是戴帽子，以右手脱帽再行颔首礼。

3.鞠躬礼

（1）立正站稳，上体前倾30度。

（2）等受礼者回礼或接受礼节后，恢复立正姿势。

（3）男员工双手自然下垂，双手贴在两侧裤缝；女员工则双手在体前搭好，右手搭在左手上，行礼后收回。

（4）在鞠躬的同时问候"您好"。

（5）鞠躬时不要嘴里叼着烟或者吃东西，如戴帽子应先脱帽后再行礼。

（6）不要一面鞠躬一面试图看对方，不要礼毕后起身目光就立刻移至别处。

（7）鞠躬礼东方人士通行，欧美人士较少用。

4.举手礼

（1）把右手举至肩膀一般平或略高于肩膀，手掌朝外左右摆动，同时说告别语。

（2）女员工站在服务台内跟客人道别时，也适用这种礼节。

5.女士优先

在一般礼仪场合，男士应遵守"女士优先"原则。

三、重大仪式规范

(一)公司升旗仪式规范

1.时间：集团或子公司重大节庆活动日，需向企业内外宣示重大决定的时候，如发布新年献词、入党宣誓、司庆纪念、颁奖盛典等，具体由仪式组织单位通知确定。

2.地点：在具有升旗条件的节庆现场中间地带，如公司办公楼前、广场(体育场)中心等。

3.参加人员：公司主要负责人、公司核心团队成员、公司各单位员工代表、特邀嘉宾等。

4.主要议程：

(1)仪式准备工作就绪，包括现场、参会人员、旗手、音响等。

(2)主持人就位，说明相关情况。

(3)按照主持人要求，升旗人员出旗，并分别升国旗、奏国歌，升集团旗、全体参会员工唱《古井贡之歌》。

在升旗乐曲响起的同时，参加升旗仪式的全体人员向国旗、集团旗行注目礼。

(4)公司主要负责人讲话。

(5)主持人就落实公司主要负责人讲话提出要求。

(6)仪式结束，参会人员有序退场。

5.具体要求：

(1)升旗仪式应提前通知，做好充分准备。

(2)公司安保部门具体负责升旗工作。

(注：公司例行升旗仪式未包括在内。)

(二)《古井员工誓词》宣誓仪式规范

1. 时间:新员工入职当日、管理人员授聘仪式、公司班组(含)以上单位举行内部重要会议或活动及需要提振员工士气的时候,具体由组织单位确定。

2. 地点:活动会场(现场),一般在室内并配有《古井员工誓词》固定展示。

3. 参加人员:单位负责人、单位成员或其代表。一般不邀请古井集团以外人员参加。

4. 主要议程:

(1)主持人宣布会议(活动)开始,并安排有关人员带领与会人员进行《古井员工誓词》宣誓。

(2)主席台展示《古井员工誓词》全文,领誓人站在主席台上偏左位置,面向誓词宣布:请全体古井员工起立,让我们一起做《古井员工誓词》宣誓。

(3)所有古井员工起立,面向主席台,持立正姿势,举起右手,握拳过肩。宣誓开始后,跟随领誓人逐句宣读誓词,最后报上宣誓人自己的姓名。

(4)领誓人宣布宣誓结束。

(5)主持人请参加宣誓人员坐下,并进行下一议程。

5. 注意事项:一般情况下不单独举行此仪式,而是将此仪式安排在相关活动或会议议程中。

(三)公司授聘仪式规范

1.时间:集团或子公司负责人出现调整或下设二级机构主要负责人发生调整,集团或子公司外聘重要职务(荣誉)的人员。一般在企业授聘文件下发当日或次日举行,具体由组织单位通知确定。

2.地点:授聘企业的正式会议室。

3.参加人员:授聘企业负责人,授聘企业人力资源部门负责人;内部受聘人员及所在单位的员工代表,外部受聘人员及相关人员;授聘企业相关单位的员工代表视情参加。

4.主要议程

(1)主持人宣布授聘仪式正式开始,介绍有关情况。

(2)授聘企业人力资源部门负责人宣读公司聘用文件,或授聘企业负责人为受聘人员(一般为外部人员)颁发聘书。

(3)按照主持人安排,受聘人员分别做表态性发言。

(4)受聘的古井员工集体进行《古井员工誓词》宣誓(外聘人员可参考执行)。

(5)授聘企业负责人讲话。

(6)主持人就落实授聘企业负责人讲话提出要求,然后宣布仪式结束。

5.注意事项:有关文件准备、人员通知、会场安排及现场音乐等,均要提前做好细致安排。

四、道德行为激励

"古井好人"评选工作实施方案(摘要)

(一)目的与意义

以古井核心价值观为行动指南,以"三个人人"为行为标准,以评选、表彰"古井好人"为主要载体,不断挖掘、宣传最基层、最感人、最认同的"古井好人"的事迹,用典型人物激励公司员工传播古井正能量,落实古井"贡献文化",促进企业战略目标的实现。

(二)参选人条件

1.基本要求

拥护党的领导,遵纪守法;热爱古井,立足岗位,高度认可古井价值观及其理念;社会形象好,认同度高。不分年龄、民族、性别,凡是在古井集团范围内工作的正式员工和劳务派遣工均可参与。

2.具体标准

(1)拾金不昧:坚持古井人"做真人"——诚实守信的立身之本。拾到贵重东西或

钱财不隐瞒，主动归还失主或上交单位，具有良好的社会道德和社会风尚。

（2）见义勇为：为保护国家、集体利益或者他人的人身、财产安全，不顾个人安危，与正在发生的违法犯罪做斗争或者抢险救灾的行为，在社会上产生重大影响。

（3）助人为乐：坚持古井人"善其身"——正己安人的基本操守。主动无私地帮助无血缘关系的老幼病弱、鳏寡孤独以及其他困难群众，赢得群众广泛赞誉。

（4）热心公益：践行古井人"济天下"——立德扬善的崇高追求。积极履行社会责任，主动参与社区服务、环境保护、知识传播、青年服务、慈善及社团活动等；大力宣传做公益的精神，号召更多古井员工热心公益，积极加入活动中。

（5）孝老爱亲：模范践行家庭美德，孝敬父母，长期悉心照料体弱病残的老人；关爱子女，夫妻和睦，兄弟姐妹团结友爱，家庭生活温馨和谐；在家人亲属有伤病、残疾等困难情况下，做到不离不弃，守护相助，患难与共，事迹感人，群众颂扬。

（6）其他方面表现特别突出的。

五、系列活动日规范

古井系列活动日包括古井孝敬日、古井酿酒日、古井觉省日、古井爱心日和古井安全日。它们是"做真人，酿美酒，善其身，济天下"古井核心价值观落地的体现，是古井贡献文化的重要展示。

其中古井孝敬日1个、古井酿酒日1个、古井觉省日4个、古井爱心日1个、古井安全日1个，共计8个特色节日。节日的时间选择，尽量与中国传统文化要求、国家规定节日和企业实际需求相呼应。

古井孝敬日

古井孝敬日设在每年的农历九月九日。农历九月九日是重阳节，自古以来便是敬老尊老的节日。古井孝敬日每年确定不同主题，在此基础上开展特色活动。

古井酿酒日

古井酿酒日设在每年的9月19日，亦称"古井贡酒公祭酒神暨秋季开酿仪式"，是公司坚持多年的活动。活动除员工代表外，还邀请政府领导、经销商代表和消费者代表等社会公众广泛参与。

古井觉省日

古井觉省日设在每季度第一个月的7日。每逢觉省日，公司各级管理人员都要围绕"三严三实"和古井核心价值观对自己的思想和行为进行全面的盘点与反思，切实强化大局意识、纪律意识。

古井爱心日

古井爱心日设在每年的学雷锋日，即3月5日。届临爱心日，任何单位和员工均可因地制宜开展特色爱心活动，传递古井正能量。

古井安全日

古井安全警示教育日设在每年的7月10日。一般通过召开安全工作会议、安全消防演练、安全培训、安全宣传等形式，切实强化全体员工的安全意识，实现企业安全运营。

六、员工奖惩办法

公司对员工实行奖惩，突出思想教育与经济手段相结合的原则。在奖励上，坚持精神鼓励和物质奖励相结合；对违反纪律的员工，坚持以思想教育和经济惩罚、违纪处分相结合。

(一)奖励

对于有下列表现之一的员工，应当给予奖励：

1.在完成生产任务或者工作任务，提高产品质量或者服务质量，节约公司资财、能源、环境保护和公司可持续发展等方面，做出显著成绩的；

2.在生产、科学研究、工艺设计、产品设计、改善劳动条件等方面，有发明、技术改进或者提出合理化建议，取得重大成果或者显著成绩的；

3.在改进公司经营管理、提高经济效益、规避公司重大风险等方面做出显著成绩，对公司贡献较大的；

4.保护公共财产、防止或者挽救事故有功，使公司利益免受重大损失的；

5.勇于与不良风气做斗争，对维持正常的生产秩序和工作秩序有显著成绩的；

6.维护财经纪律、抵制腐败作风，事迹突出的；

7.一贯忠于职守，积极负责，廉洁奉公，舍己为人，事迹突出的；

8.其他应当给予奖励的。

对员工的奖励分为：

1.通报表扬、记功、通令嘉奖或授予先进生产(工作)者、劳动模范等荣誉称号。在给予上述奖励时，并给予物质鼓励。

2.通报表扬、记功、通令嘉奖或授予先进生产(工作)者、劳动模范等荣誉称号由主管部门提出建议，经公司领导批准后执行。

3.对于员工的物质奖励，可根据员工对公司贡献的大小，由相关部门提出建议，经公司领导批准后执行。

4.员工获得奖励，由公司记入本人档案。

(二)处分

对于有下列行为之一的员工，应当分别视情况给予违纪处分或经济处罚，直至解除劳动关系：

1.违反劳动纪律，经常迟到、早退、旷工或不能正常出勤，不能按要求履行岗位职责的；

2.无正当理由不服从工作分配和调整的,或者无理取闹、聚众闹事、打架斗殴,或是教唆、胁迫、诱骗他人违规违纪,影响生产秩序、工作秩序和社会秩序的；

3.员工不当言辞,使公司信誉遭受损失或者使公司商业机密泄漏,对公司造成损失的；

4.偷盗公司财物的；

5.玩忽职守,违反技术操作规程和安全规程,或者违章指挥,造成事故,使员工人身和公司财产遭受伤害或损失的；

6.工作不负责任,损坏设备工具,造成公司能源、资源浪费的；

7.有滥用职权、贪污、受贿、敲诈勒索以及其他违法乱纪行为的；

8.犯有其他严重错误的。

员工有上述行为,情节严重,触犯刑律的,由司法机关依法惩处。

对员工的违纪处分分为：警告、撤职、留用察看、辞退、除名。在给予上述处分的同时,可以给予一次性经济处罚。

第七章 优秀企业公民

一个企业的成功与社会的健康和福利密切相关。优秀的企业公民会全面考虑公司利益相关方的利益，包括员工、用户、社区、客户、供应商和自然环境。

古井集团一直秉持"贡献"文化、"员工为天"理念，为股东谋利，为员工谋福，与合作伙伴互相支持，积极参与社会公益，保护生态环境，努力成为一名优秀的企业公民。

贡献

古井集团是亳州市国资委所属的国有控股企业。作为地方支柱型企业，古井集团秉持"贡献"文化，为股东创造最大、最优利益，致力于成为优秀企业公民。

"贡献"在于古井集团坚持做大做强白酒主业，奋力拼搏，加快发展，是亳州市税收贡献最大的企业。2017年，古井集团上缴税收28.74亿元，同比增长25.44%。

"贡献"在于古井集团每年提供数千名就业岗位，为解决劳动力就业、保持社会稳定做出突出贡献。

古井集团连续六年获得"安徽企业最佳雇主"称号，2016年，古井集团荣获"全国企业文化示范基地"、中国酒业"社会责任突出贡献奖"，是2016中国制造业企业500强、2014安徽企业100强、2016年"中国轻工业百强企业"、2016年"中国轻工业食品行业50强企业"。2017年，古井集团荣获"第十二届人民企业社会责任奖——年度企业奖""全国企业文化优秀成果奖"。《古井集团2015—2016年社会责任报告》获2016年度安徽省企业"最佳社会责任报告"。此外，还荣获2014—2015年度"全国轻工业卓越绩效先进企业"、2016年度"安徽省质量奖"、第十一届"安徽省诚信企业"、2017年"全国实施卓越绩效模式先进企业"、2017年度"国家知识产权示范企业"，古井贡酒"135精益质量"管理模式获"全国工业企业质量标杆"称号。

幸福

古井集团不仅是一个生产厂区，更是一个酿酒公园。古井美酒在美丽的"公园"中自然生长，每个员工在美丽的公园中劳作，彼此关怀，用心灵酿造美酒。

古井集团本着"员工为天"的管理理念，推行风险共担、利润共享机制，建立不同的薪酬激励体系和各模块薪酬水平与效益水平的联动机制。2012年下半年，白酒行业进入调整期，企业压力加大，古井集团坚持每年根据企业经营业绩，按照一定比例，上调员工薪酬。

"人才比产品更重要，成长比成功更重要。"作为一家大型国有企业，公司始终本着以人为本的用人理念，维护员工合法权益，满足员工发展需求，激发员工活力，建设和谐稳定的用工机制和良好的工作环境，让员工真正感到"在这里生活真的很幸福"。

公司坚持内部空缺岗位公开选拔和竞聘上岗,并逐步建立市场化的竞争择优人才选拔体系。公司上线人力资源市场化平台,员工可在该平台自由申请调岗以及参与公司内部招聘。在古井,很多年轻人通过竞聘走上中高层管理岗位,他们有激情、有能力,带动企业风气更加积极向上。

公司历来重视员工的培训工作,搭建完善的培训机制,为员工提供良好的学习环境。一是践行"大师智企"的理念,分别邀请斯蒂芬·马格林、施芝鸿、海闻、高金平、周文彰、安令裕、吴思科、徐岩等权威专家来公司授课。二是建立不同职级人员的培训体系。

例如：针对管理人员，开设"古井学院后备管理干部研修班"；针对技术人员，通过校企联合，开展"古井贡酒—江南大学酿酒技术人才提升班""酿酒技能培训基础班"和"国家酿酒师/品酒师职业资格培训班"；针对新入职人员，开展"未来之星"培训，采用"职业测评+理论培训+军事训练+车间实践+市场实习+岗位试用"相结合的形式，促进新员工快速进入角色，融入企业；针对销售人员，实施"铁军工程"培训项目，致力于打造高绩效的业务专手、业务能手、业务高手；针对一线班组长和技术骨干，组织开展"地基工程"培训，通过实施标准化提升达标培养，全面实施班组标准化建设。

公司一贯尊重员工的权益，每年召开职代会及民主对话会，定期召开员工生活座谈会，设立"高管接待日""管理人员基层工作日"，并在OA论坛上开设"高管直通车"版块，为公司员工提供了一个建言献策、相互交流的平台，聆听员工心声，营造和谐劳动关系。

公司在原有的福利基础上，重点关注员工健康。2016年度，与亳州市人民医院建立"医企共建"关系，设立"亳州市人民医院驻古井集团分院"，将亳州市的专家医生请进企业，员工在公司就可以看上专家号，还可以进行理疗、调养。同时，公司为职工办理健康档案；创建女职工"阳光家园"，用于女职工哺乳，成为全市第一家示范单位。

公司坚持开展"金秋助学""大病救助""困难员工救助"等,2015—2016年用于员工帮扶救助的费用为375.67万元。

古井营销的重点工作就是做好客户服务工作,全体员工用自己的实际行动践行"市场理念"——用户的诉求就是我们的心愿,用户的利益就是我们的价值。古井一直与供应商、经销商等利益相关方保持良好的合作关系,实现互利共赢,协同发展。

真心实意为用户着想、为用户服务,是古井始终不变的准则。古井每年召开经销商年会,共商企业发展大计,表彰经销商;举办培训会,参与经销商队伍建设,健全完善古井一线业代、督导、推广等内部管理体系。2014年,"酒中牡丹今更艳——古井贡酒经销商群记"丛书发布,这是中国酒界第一次由企业邀请全国知名作家为自己的优秀经销商群体撰写传记,并在人民大会堂公开向社会发行。2016年,古井贡酒股份公司新增加客户290余家。

古井的合作伙伴们与古井风雨同舟,相互支持,共同助推"中华第一贡"走向复兴。

扶贫

2017年以来,古井集团根据"单位包村、干部包户"的帮扶安排,对口帮扶谯城区五马镇八里行政村、杨楼行政村、五马行政村三个行政村及176个贫困户。古井集团86名管理人员参与扶贫工作,并下派古井贡酒股份有限公司物流调度中心总监助理许昌勇任芦庙镇杨庄村党总支第一书记兼扶贫工作队队长,古井房地产公司总经理助理陈永葆任蒙城县三义镇刘园村党总支第一书记兼扶贫工作队队长。

古井集团在八甲村投资71.18万元,建设一座81千瓦的光伏发电站,2017年1月份正式运行并与国家电网并网发电;为五马镇三个定点帮扶行政村的贫困户家庭中具有劳动能力的人员,提供就业岗位;号召员工支持贫困户"土产品"销售,为贫困村小学购置教具、体育用品和书籍,实现贫困户"微心愿"等。

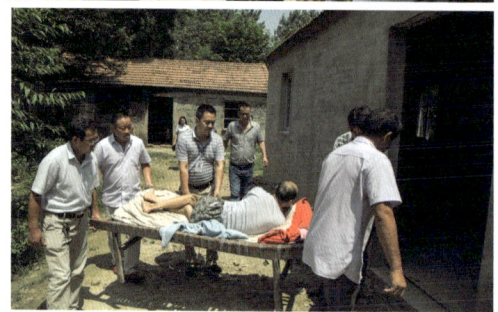

公益

古井集团多年来一直积极参与社会公益,关注教育、慈善救济、弱势群体权益保护等。

2010年,古井通过格桑花教育救助会向玉树灾区紧急救援及灾后重建工作累计捐赠了230多万元,设立"古井贡救助基金",在曲麻莱县、玉树结古镇等地建设了太阳能光电站、爱心多媒体教室、暖冬工程、怀德孤儿院救灾板房等。2012年,通过爱心酒义卖,再次将25万元捐给格桑花教育救助会。

2012—2014年,古井贡酒连续三年与CCTV合作"感动中国"人物评选颁奖盛典,努力把"贡献文化"传扬至神州大地。多年与安徽卫视联手启动"古井贡酒·心动安徽年度新闻人物评选",彰显大爱安徽人。

古井集团先后组织参与了安徽首届民间公益人物评选活动;古井贡酒与张治中基金会在合肥举办了关爱安徽抗战老兵公益活动;"感恩中国　感谢有你"古井贡酒·年份原浆合肥感恩行活动;与安徽省希望工程办公室联合举办捐资助学活动,在江南大学设立"古井贡酒"奖学金;连续两年公益支持合肥三国遗址公园汉式婚礼活动;先后支持"红色安徽·长征史诗"大型采访活

动、安徽2016抗洪救灾"感人瞬间"摄影大赛、"网传好家风 弘扬家文明"文明家风万家传播活动,等等。

  2015年10月,在爱佑慈善夜,爱佑基金会副理事长、腾讯公司董事会主席兼首席执行官马化腾为古井集团颁发爱心证书。同年,古井集团赞助举办安徽青年在北京2015新年联欢会、2015年高考状元面对面经验分享会等活动。出资500万元,完成对古井镇大塘小学及幼儿园的校舍改造。促进社区发展方面还有:2015—2017年,

古井消防队共出警扑救古井镇企业及居民发生的火灾21次;逢年过节到附近敬老院慰问老人,送去慰问物品等。

  2016、2017、2018年,连续三次特约播出中央电视台春节联欢晚会。来自古井集团的一线员工代表企业和亳州

向全国人民拜年,为亳州代言,为古井代言,有助于更多的人认识亳州,体现出企业对家乡无限热爱。

同年,公司开启了全民读"亳"活动,将亳州城市宣传和古井品牌推广相结合,受到各界好评。为亳州和古井文化的进一步推广传播起到积极的促进作用,彰显了古

井热爱家乡、创新贡献精神的责任与担当。还分别邀请"感动中国人物"沈昌健、"中国好人"代表人物访问古井。

此外,古井集团还为微公益尽职尽责,捐赠敬老院、资助贫困学生、帮助留守儿童、百万图书送健康等。积少成多,积水成河,古井集团不断以善举回馈社会、贡献人民。

环保

水是酒之血,保护清洁水源及生态就是保护古井自己。良好的环境是酿美酒的重要条件,古井对企业环境建设以及周边环境管理高度重视,形成了完备的环境管理制度和体系。

多年来,公司工业污染物排放达到国家及地方有关排放标准和污染物总量控制要求,排放达标率100%,未发生环境污染事故,多次被评为"亳州市环境保护先进单位"。

自1997年以来,公司每年还坚持为古井镇西区居民免费处理生活污水约15万吨,实现环境效益、经济效益、社会效益三者的有机统一。古井贡酒股份公司被安徽省环保产业协会评为全省"十佳环境资源循环利用企业""安徽省节水型企业"。

近年来,古井集团不断加大投入,创新思路,变被动的"污染物末端治理"为主动的"污染源源头控制",节约了大量的地下水、电能和烟煤等资源,减少了污染物的排放量,2017年被评为"安徽省首批绿色工厂"。

2002年,古井集团被列为省级清洁生产试点单位,2011年被国家工信部批准为第一批"两型(环境友好型和资源节约型)企业"创建试点单位,成为全省白酒行业唯一一家试点单位,以及国内白酒行业仅有的两家试点单位之一。

第三篇

形 象 篇

一、古井集团企业文化传播管理规定

古井集团企业文化建设以"中华第一贡"为旗帜,以"做真人,酿美酒,善其身,济天下"为指引,以统一理念(MI)、统一行为(BI)、统一形象(VI)为原则,以不断增强文化软实力,塑造和提升企业核心竞争力为目标。

集团公司设立企业文化管理中心作为专职管理部门,各子公司及下属单位设立专职或兼职的文化管理部门或岗位,并接受集团文化管理中心的统一管理与指导。

集团文化管理中心负责制定集团企业文化战略规划及相关计划、企业文化标准及文化传播手册,并组织实施、检查和落实。

各单位发布的理念、制度、口号与各类公文、文案、宣传材料等,均要体现集团企业文化的要求。

各单位经营行为和员工行为,要体现"人人是古井品牌,人人是古井形象,人人是古井榜样"的原则要求,积极传播企业正形象,抵制或如实上报负面信息。

各单位及全体员工要认真贯彻集团 CIS 规范,尊重企业标识。

各单位对外新闻发布、媒体接待工作,由集团文化管理中心统一协调组织,遇到紧急事件应在第一时间报告。

集团各分支系统、各下属公司要在古井贡献文化的统一指导下,建立符合行业特点与企业实际的子文化系统。

二、古井集团 VI 标识及应用

1.基础规范

由蓝天、白云、国槐、古井所组成的古井集团标识,既是最早的古井产品及商标形象,又代表了最新的古井企业理念及价值诉求。其中,"蓝天"象征质量为天、品牌为天、员工为天等;"白云"象征志存高远和简单、干净、和谐的员工关系;"国槐"象征绿色、环保、生命力旺盛和忠诚、坚守、奉献的秉性;"古井"象征源远流长、生生不息的精神。

2.组合规范

本图严格规定标识制作的规格和各部分比例关系,当电子文件无法正常输出,制作时应严格按照本制图法的规定。

3.有关应用

色彩：按规定标准色、辅助色应用

规格：根据实际需要制定

材质：根据市场情况制定

三、各子公司 VI 规范

1.瑞景商旅集团基础规范

瑞景商旅集团各子公司基础规范：

慧升楼　　　亳州宾馆　　　君莱酒店　　　上海假日　　　合肥假日

企业网站:http://www.vista-rjsl.com

企业微信二维码：

严格按照本手册规范标准应用制作。

2.古井房地产基础规范

企业网站:www.fanggj.com

企业微信二维码：

3.瑞福祥公司基础规范

企业网站:www.ahrfx.com

企业微信二维码：

4.瑞能热电企业基础规范

企业微信二维码：

5.龙瑞玻璃公司

企业网站:http://www.glassgj.com

6.汇信金融集团基础规范

汇信金融集团各子公司基础规范：

企业网站 http://www.hxjrjt.com:9090/home

企业微信二维码：

7.黄鹤楼酒业基础规范

企业网站:http://www.hhljy.com.cn/
企业微信二维码:

四、古井歌曲

古井贡之歌

阎肃 词
滕矢初 曲

(歌词)
凝聚贡献一腔爱，同心胜似亲弟兄，
捧出古井甜泉水，青春酿作酒香浓。
贡酒风招天下客，敢为人先争双赢。
今朝奋力创大业，明天再攀新高峰。

我们鼓劲共同走，阳关大道任我行。
我们鼓劲共同创，不断进取是人生。
我们鼓劲共同笑，质量信誉刻心中。
我们鼓劲共同唱，万里山河太阳红。
山河太阳红，我们鼓劲共同走，阳关大道任我行。
我们鼓劲共同创，不断进取是人生。
我们鼓劲共同笑，质量信誉刻心中。
我们鼓劲共同唱，万里河山太阳红。

情曹操

1=G 4/4

♩=47

梁金辉 词
张 朝 曲

‖: 3 3 2 5 5̄6̄ 1· | 2 2 2 3 6̄5̄ 5· | 1 1 6 2̄3̄2̄ 6 |
　醉过才知酒　浓，爱过才知情　重。有一种美　酒

5·̇ 2̄3̄5̄ 3 - | 6 6 3 2̄1̄ 6 | 3 2 6 1 - | 2/4 (1̄2̄ 3̄5̄) :‖
叫　古　井，有一种情　浓与他　行。

4/4 1̇ 1̇ 5 1̇ 2̇ 1̇ 1̇ - | 5 5 1̇ 3̄2̄ 5 - | 6̄5̄6̄ 6̄0̄1̄ 5̄3̄2̄ 2 |
天地之悠　悠， 日月 星河 动。阴阳 有 交 替，
九酝 献汉 帝， 开创 第一 贡。心中 有 百 姓，

2 2̄3̄ 6̄5̄6̄7̄6̄ 5 - | 1̄ 1̄5̄ 1̇ 2̄1̄ 1 - | 6̄6̄ 6̄5̄1̄ 3 - |
世代 颂曹　公。刀枪 杀千 里，上阵 父子 兵。
留得 天下　名。旷世 铸奇 才，举旗 帅精 英。

5·̇ 6̄ 1̇ 2̇· 3̄7̄6̄5̄ | 3̄2̄5̄ 3̄2̄6̄ 1 - | (间奏)
打　拼　为家　国，侠骨 铸忠　诚。

5·̇ 6̄ 1̄ 3̄ 1̇ 6̄ 5 |
一　统　三国　土，实现　心中　梦。

5·̇ 6̄ 1̄ 3̄ 1̇ 6̄ 5 | 5̄ 6̄1̄ 2̄ 6̄ | 1̇ - - - | 1̇ 0 0 0 0 ‖
一　统　三国　土，实现　心中　梦。

扫码收听

第三篇　形象篇

1.1 11 21 65 | 6 - - 0 | 6.1 16 55 65 | 5 - - 0 |
我们 奉行 三人标 准   我们 铸就 三正 生 态

2 2 3 5 5 3 | 21 23 6.0 | 55 53 26 32 | 1 - - 0 |
三 个 人 人 汇 成 一 名 真 人   开创古井崭新未 来

2 2 3 5 5 3 | 2 21 2 05 | 55 53 26 32 | 1 - - 05 |
我们 是 自豪 的 古 井 人 让 古井贡酒香飘 万 代 让

55 53 53 56 | 1 - - - | 1 - - - ||
古井 贡酒 香飘 万   代

扫码收听

第三篇　形象篇

喝罢一碗酒

词：梁金辉
曲：阮木/闫业景

1=G 4/4 ♩=80

2 1 2 2 3 6 0 | 6 1 1 2 2 3 | 2 3 6 5 3 —
难记 情和 仇　　三 杯 通大 道　 一 醉 泄千 愁

1 7 7 6 7 | 3 — — — | 6. 5 1 2 5 6 |
喝罢 一 碗　酒　　　　　　希 望 涌心

3 — — — | 2 2 6 2. 3 | 2 2 3 3 5 0 |
头　　　　　许 下的 愿　 画 好的 图

5 5 5 6 7 5 3 | 1 7 6 6 6. | 6 — — — ‖
豪情 奔万 丈　挥斥　 方　　 遒

扫码收听

咱们喝酒去

词：梁金辉
曲：阮木 / 闫业景

| 3 3̇2 3 2̂5 60 | 3·5 33 3̂5 60 | 6·5 6̂3 5̂6 5̂3 |

(嘿吆 嘿 喝酒去　我 们都是好兄弟　为了成长和胜利
(嘿吆 嘿 喝酒去　人 海知己难寻觅　为了爱情和友谊

| 2·3 2̂5 1̂6 0 | 1̂ 1̂2 6̂1 6 0 | 6̂5 1̂2 5̂3 0 |

咱们 喝酒去)　　人 生 沉 浮　　花红柳 绿
咱们 喝酒去)

| 2·2 2̂3 5̂6 35 | 2̂3 2̂1 2· 0· | 5·6 5̂3 21 20 |

世　　态炎 凉　成败不 奇　　管它三七二十一

| 21 23 5·3 | 2· 35̂3 50 | 2·3 2̂6 1̂6 0 ‖

三七二十一　　咱们喝酒去　咱们喝酒 去

扫码收听

亳

词：梁金辉
曲：阮木/闫业景

1=F 4/4 ♩=53

```
3  50 565 50 | 1·6 123 23· 0 |
浩  瀚 文字 有    一  亳

6· 10 323 50 | 5·6 321 2· 0 |
我  来 跟您 细    解  说

1116 123 1· 0 | 6116 123 23· 30 |
出自甲骨 史悠 久   故事流传 汇涡  河

5·6 16 565 3 | 2223 226 1 - |
南来 北往 多念 亳   只差一横 亳读 错

11 2·1 1· 6 | 35 565 5 - |
中华 文字 有 一     亳
世界 文字 有 一     亳

6 1 656 1 | 16 532 2 - |
我 要 为其 唱       赞 歌
我 来 提醒 别       读 错
```

```
3 5 5 5  3 2 1  3  -  | 2 2 2 3  5 6 7  6· - |
```
道教文化 出此 处　　历史名人 耀星 河
高处建宅 出美 酒　　古井贡酒 献君 喝

```
6· 1  1 6  5 6 5  5  | 2 2 2 3  2 2 6  1  -  |
                                              D.C
```
老　子 庄子 名天 下　曹操华佗 震三 国
亳　州 不薄 人厚 道　举杯畅饮 高歌 亳

```
5 5 5 6  5· 6  6  0 | 1 - - - ||
```
举杯畅饮 高歌　　　亳

扫码收听